マンション管理の道しるべ

今日の安らぎ、明日への安心

はじめに

　今やわが国の住宅の1割を分譲マンションが占めている。しかも、新築マンションはこのところ高水準の供給が続いており、地方都市を含めて、全国各地の市街地周辺はマンションが林立し、都市景観も一変するほどだ。

　こうしたマンション急増の背景には、カギひとつで戸締まり可能という気軽で高い防犯・防災機能に加えて、気密性の高い快適な居住性が、合理的なライフスタイルを希望する現代人に評価されたからだ。最近では高齢者夫婦が"終の棲家"として、マンションに移り住む、新しい需要も顕著になっている。

　いわばマンションは、21世紀の都市型住宅の主役である。しかし、ここで見過ごせないのはコンクリート造りの集合住宅も永久には"安心と快適さ"を保障してくれないことだ。建物は歳月の経過とともに老朽化するし、隣り合う居住者どうしが円満に交流できなければ、安心で快適な生活は望むべくもない。

　「マンションの値打ちは管理で決まる」「マンションを買うなら管理を買え」──。マンション建設ラッシュのなかで、こんな掛け声を耳にする。快適な住環境を維持し、資産価値を高める「マンション管理」の機能を象徴する言葉だが、その実務をサポートする「管理会社」の業務は、居住者の生活を支える日々の作業から、緊急時の対応、将来を見越した大規模修繕計画の提案まで、実に幅広く、奥が深い。

　そこですぐれたマンション管理ノウハウを集約して、出版することになり、㈱浪速管理に資料提供と編著をお願いした。同社の進取に富んだ「管理システム」がマンション業界全体から注目されているからだ。

　同社はマンション管理の草分け的な存在で、独立系という厳しい条件の中で1971年の創業以来、つねに「管理の品質」に重点を置いた管理システムを追求。2000年には業界で初めて管理業務全般での品質マネジメントシステム（ISO9001）の認証を取得している。

同社の"独創事例"は枚挙にいとまがない。1977年から毎月1回実施し続けている『管理員研修会』。現場に配属される管理員に最新の関連法律や社会の重大事を各々の管理業務に結び付けて理解させる一種の人間教育で、ここに同社の「管理の基本は人」というポリシーが生きている。
　また、1982年に創刊した季刊のタブロイド版のコミュニティ新聞『ザ・マンション・L＆M』で、管理に関する様々な情報を掲載し、受託したマンション全戸に無償配布している。
　マンション管理は2001年に制定された「マンション管理適正化法」で一気に体制が整備され、国家資格の「マンション管理士」「管理業務主任者」などの配置が義務づけられた。浪速管理はいち早くこのスタッフを充実し、管理組合活動で最も重要な「総会」開催などを補佐するバックアップ体制を確立。そして、事務管理業務ではオービック社と共同で「新マンション管理システム」を開発し、同業各社向けに同ソフトウエアは販売されている。
　本書の内容は、浪速管理の管理員研修テキストをベースに、同社が手がけるマンション管理実務から得られたノウハウをできるだけ盛り込んだ。
　巻頭では「マンション管理のあり方と将来展望」をテーマにした対談、月別の実務をきめ細かく記した「マンション管理の12ヵ月」、マンション管理の基礎知識やリスクに備える保険の話、建物・設備のメンテナンス手法など、管理員のマニュアルとしてすぐに役立つ「プロ読本」として一冊の本にまとめた。
　本書が、マンション管理関係者の必携の書として役立ち、居住者と管理組合、管理会社のよりよい関係作りに役立てていただければ、幸いである。

　2006年8月

フジサンケイビジネスアイ

マンション管理の道しるべ
今日の安らぎ、明日への安心

はじめに

|目　次|

対　談　21世紀のマンション管理「今日の安らぎ、明日への安心」　　1

第1章　これだけは知っておきたい！　マンション管理の基礎知識　　27

マンションの特性 ──────────────── 28
　法的特性……29
　　区分所有権と敷地利用権……29
　　マンション関連の3つの法律……30
　　法定点検のいろいろ……32
　構造的特性……34
　　専有部分と共用部分……34
　　建物と設備機器……37

マンション管理のしくみ ──────────────── 38
　管理の主体は管理組合……39
　　区分所有者全員で構成する管理組合……39
　　管理組合運営の仕組みと経済的基盤……41
　　規約で定める管理の基本ルール……43
　管理方式の種類……44
　　自主管理方式……44
　　一部委託方式……45
　　全面委託方式……45

マンション管理のポイント ―― 46
管理組合と管理会社はマンション管理のパートナー……47
- 管理会社の役割……48
- 管理組合の役割……52
- 区分所有者の役割……56

コミュニティ形成の重要性……58

第2章　大切な資産を守る！　マンション管理の12ヵ月　　61

マンション管理のコア業務 ―― 62
委託管理業務の推進手順……63
- 事務管理業務……63
- 管理員業務……68
- 清掃業務……69
- 建物設備管理業務……69
- 緊急対応業務……69

時期に応じたマンション管理の実務 ―― 70
現地で補佐する実務のポイント……71
- 4月／「総会開催に向けて」「総会当日までの流れ」……72
- 5月／「総会の運営」「総会決議の効力」「議事録の作成をフォロー」……76
- 6月／「梅雨・台風対策」……80
- 7月／「共用部分の危険箇所チェック」……82
- 8月／「夏の防犯対策」「夏季シーズンの注意事項」……84
- 9月／「危機管理体制の整備」……88
- 10月／「上半期収支状況のチェックポイント」「秋の火災予防運動」……90
- 11月／「秋の環境整備と年末総合点検」……92
- 12月／「未収納金の督促」「年末年始の留意事項」……94
- 1月／「管理員業務の心得」「寒波対策」……96
- 2月／「年度末までに実施すべき事項の再チェック」「保管書類の確認」……98
- 3月／「新年度に向けて準備開始」「春の環境整備」……100

第3章　快適なマンションライフを維持する！　建物・設備のメンテナンス　105

安心できる毎日の暮らしのために ── 106
諸設備の日常点検と維持管理……107
- 給水設備……108
- 排水設備……114
- 電気設備……116
- ガス設備……118
- 換気設備……119
- 消防用設備……120
- エレベーター設備……122
- 日常点検のポイントと緊急時の対処法（まとめ）……124

建物・敷地内の施設の管理……126
- 駐車場……126
- 駐輪場……128
- 公園・遊具……129
- 車路・通路・歩道等……129
- ゴミ置場……129
- 植栽……130
- 建物外観……132

マンションの経年化にどのように対処するか ── 134
建物調査・診断の必要性……135
- 建物劣化診断の流れ……136

改修工事の種類と周期……138

長期修繕計画の作成と見直し……140
- 作成の目的……140
- 作成の具体的な流れ……141
- 定期的な見直しが不可欠……142

大規模修繕工事の上手な進め方……144
- 成功に導くポイント……144
- 外壁改修工事の流れ……146
- 工事監理の重要性……147

資産価値と居住性のグレードアップ……148
　　居住者の高齢化に備えて……148
　　安全対策に配慮して……149

第4章　リスクに備える！　損害保険の加入と個人情報の保護　　151

共用部分に必要な損害保険　　152
　損害保険の種類と内容……153
　　共用部分が損害を受けた場合の保険……153
　　共用部分が損害を与えた場合の保険……156
　共用部分損害保険の適用事例……158

個人情報保護と管理会社の業務　　162
　情報セキュリティ対策と業務上の対応……163
　　個人情報の取り扱いとプライバシーマーク……163
　　管理事務所における個人情報の保管義務……163
　　居住者のプライバシーの尊重と個人情報保護……164
　個人情報保護法とマンション管理Q&A……166

第5章　事例から学ぶ！　円滑に進めるマンション管理の実践術　　171

信頼される管理員業務の進め方　　172
　苦情への対応……173
　　小さな苦情も誠意をもって丁寧に……173
　　苦情対応の手順……174
　　苦情の内容と対応のポイント……176
　　苦情対応上の留意点……181
　公平な管理はどのように……182
　　公平はサービス業の大前提……182
　　まず居住者が望む管理を……182
　　駐車場使用契約の透明性を保つ具体策……183

管理事務所で物品を預かる時は……184
　　　不在者荷物受け渡しの注意点……184
　　　サービス業務の注意点……185
違反行為をどうするか……186
　　　違反（迷惑）行為はまず全体に呼びかけを……186
　　　実損害の出るルール違反は慎重な対応を……187
　　　用途変更に大岡裁き……187
　　　バルコニーにサンルーム設置は違反……188
外来者との接し方……190
　　　不審者を見かけたらすぐ110番……190
　　　言葉づかいには注意しよう……190
　　　悪質な業者の対処法……191
水道メーター検針の意義……192
　　　水道メーターで分かる埋設配管の異常……192
　　　水道使用量の比較で漏水を早期発見……192
　　　水道親メーターのチェックが漏水発見のポイント……193
事故防止の備えと発生時の対処法……194
　　　事故防止と防犯対策の気配り……194
　　　玄関ガラスドアでの事故防止……194
　　　良住環境の維持を忘れない……195
　　　バルコニーの整備を呼びかけよう……195
　　　火災が発生したら……196
　　　人身事故はまず119番（救急）通報……196
　　　共用部分の消火器の安全対策……196
　　　ダニ、ゴキブリ退治の燻煙剤使用時の注意……197
　　　危険箇所チェックはフレッシュな目で……197
作業時の留意点……198
　　　安全確認と細心の注意を……198
　　　エレベーターに水は禁物……199
　　　水道の開栓・閉栓は確認してから……199
　　　困り者・不用自転車の処分……200
管理日報の重要性……202
　　　大切な管理日報……202

　　　　管理日報は訴訟の傍証にも……203
こんなところにも注意が必要……204
　　　　サクラの落葉で雨漏り！？……204
　　　　長期不在住戸のバルコニーから下階に漏水……205
　　　　任された分野をはき違えない……206
　　　　業者変更は速やかに本社へ連絡する……206
　　　　管理会社の真価が問われる緊急時の対応……207
　　　　こんな時、大声で注意は禁物……207
　　　　未収納金対策で大切なコミュニケーション……208
　　　　重要事項に関する回答は本社業務……208
　　　　日常業務の積み重ねが信頼関係の基礎……209

管理員ひとりごと ─────────────── 210

あとがき

対談 21世紀のマンション管理

今日の安らぎ、明日への安心

対談 21世紀のマンション管理「今日の安らぎ、明日への安心」

　都市の景観が月ごとに変わってしまうほど、マンションの大量供給が続いています。マンションという居住形態が、現代人の機能的なライフスタイルとして定着したためですが、それとともに「マンション管理」の重要性がこれまでになく注目されています。

　そこで、マンション学研究の第一人者である千里金蘭大学の藤本佳子教授と、マンション管理の草分け的存在である株式会社浪速管理の野﨑弘毅代表取締役のお二人に「21世紀のマンション管理」をテーマに、永住志向が高まるマンションでの快適な暮らしについての展望をお話していただきました。

――はじめに、日本のマンション管理の歴史をふり返りつつ、現在にいたるまでのマンション管理の変遷について、お話をいただきたいと思います。

マンション大衆化の波は1965年以降

藤本　「マンション」という名称が一般に使われるようになったのは、1965年以降です。民間の分譲マンション第1号は1956年に建てられた「四谷コーポラス」（東京都新宿区）ですが、当初は高額所得者を対象にした住まいで、レジデンス、コーポ、ビラ、シャトーと、いろんな名前がつけられていました。

　いわゆる大衆化というか、マンションがたくさん建ちはじめたのが1965年以降なのです。それでも、そのころは全国で4万戸ぐらいでした。それが現在では510万戸にもなっています。65年以降になぜ急増したかというと、住宅金融公庫がマンションに融資をつけ、それで一気に大衆化したのです。

　その大衆化の中で「マンション管理」が重視されるようになりましたが、発端は近隣への日照問題でした。隣地との日照権について紛争が起きたのです。

　1975年以降になると、マンションの欠陥問題が発生しました。1978年の第一次オイルショックのころは水漏れ、雨漏り、外壁のクラック（ヒビ割れ）など、施工に関連した問題が相次いで噴出しました。大規模な共同住宅建設の経験や運営ノウハウがまったくない状況のもとで諸問題が起きはじめたのです。

管理会社の成立過程は大きく5分類

　ですから、マンション管理も、"手探り状態"でした。現在、たくさんある管理会社も、最初はマンション分譲デベロッパー（開発会社）の苦情処理部門でした。販売戸数の増加にしたがって苦情が多くなり、やがてその

藤本 佳子 氏
Fujimoto Yoshiko

千里金蘭大学教授

- 1949年　大阪市生まれ
- 1972年　奈良女子大学家政学科住居学科卒業
- 1975年　奈良女子大学大学院家政学研究科住環境学専攻修了
- 1991年　大阪大学工学部より工学博士の学位取得
- 1992年　日本マンション学会設立に参加し、常務理事就任

【現在】
吹田市都市計画審議会委員
吹田市住宅審議会委員
日本マンション学会常務理事
同学会関西支部長

【専攻】
マンション学、住環境学

【著書】
「マンション実務読本」オーム社刊　ほか

【論文】
マンション管理に関する論文多数

部門が独立したのです。

　管理会社は成立過程から大きく5種類に分類できますが、最も多かったのがこのデベロッパー系です。2番目はゼネコン（大手建設会社）系です。建設を担当した施工業者として管理部門を持ったということです。3番目はビル管理業系。いわゆる清掃管理業務からビル管理に手を広げたところ。4番目が浪速管理さんを筆頭とする独立系です。これは数えるほどしかありません。5番目が警備業を発展させて管理業へ入ったセキュリティー系です。

　そして、1979年に社団法人高層住宅管理業協会が設立され、それから各社とも「管理の質の向上」という課題に取り組み始めたわけです。

　私の分譲マンション研究はもう28年になります。30年近くも同じ分野の研究を続けているわけですから、すっかりライフワークになりました。

　当時はマンションのメンテナンスから賃貸住宅の問題、それから公的マンションや民間の分譲マンションの実態、というようなテーマを取り上げて調査していました。浪速管理さんへはちょうど25年前に「分譲マンションにおける管理業務体制」の調査で訪問したのが最初です。

——浪速管理が創業10年目を迎えたころですね。ところで、野﨑社長はどのようなきっかけでこの事業を始められたのですか。

独創性が求められる要素に魅了され

野﨑　私はこの業界に入る前は法律の勉強をしていました。1964年に法律事務所に入りましたが、そこでビルの建替え事業にかかわりを持ちました。それは大阪駅前の再開発事業の一環として、駅周辺に混在していた約530店舗を新大阪駅裏に移転させて、ショッピングモール「新大阪センイシティ」にまとめ上げるものでした。その過程で「区分所有」の手続きをしました。今では区分所有の建物は全国のどこにでもありますが、当時の新大阪センイシティは都市再開発のはしりであっただけに、区分所有の手続きについて法務省に指導していただきました。

　その当時、木造建築物の新たなビルへの建替事業もあり、さいわいにもマンション大手企業と取引関係で交流ができ、そのご縁で「マンションの管理を研究してみないか」という話をいただきました。私は独創性が求められる要素に魅了されました。

　もともと、法曹界を志した動機は人とのふれあい、人の役に立ちたかったからですが、その点ではマンション管理は共通点が多い。居住者のコミュニティ形成とか、メンテナンス、住民の皆さんが安心できる住環境を創りだす仕事はやり甲斐があるなと思っているうちに、気がついたらこの世界に入っていました。

野﨑 弘毅 氏
Nozaki Kouki

1938年　高知県生まれ
1961年　法政大学法学部卒業
1962年　森原・冬柴法律事務所へ入る
1971年　(有)浪速管理設立
1977年　(株)浪速管理設立
　　　　(有限会社浪速管理包括承継)
1982年　(株)浪速技建設立
1986年　(株)浪速ライフサービス設立

【団体活動】
1996年　社団法人高層住宅管理業協会理事就任
1997年　同協会 理事、関西支部長就任
2002年　同協会　副理事長就任、現在に至る

この間、同協会のマンション保全診断センター副委員長・法制委員会委員長・保証機構執行委員会委員長・網紀委員会委員長として尽力。国土交通大臣、厚生労働大臣から功績を顕彰された。

マンション管理の発展を確信した経営理念

藤本 発足当初のマンション管理会社は、独立系以外は親会社の影響を強く受けていました。デベロッパー系・ゼネコン系の管理会社の社長は、親会社出身の方が多く、短期間で交代する印象がありました。従業員も定年退職者の再雇用が多い高齢者集団で、親会社が分譲するマンションが次々に増えるので、管理の質にはあまり熱心でない会社が多いようにみえました。悪くいえば、管理会社のステータスは二流、三流と思い込んでいるような気質もありました。

そうした時代に独立専業の浪速管理さんは、取り組みが全く違っていました。「コストの削減」「管理の質の向上」とか、「これからの管理は建物管理だけじゃなく、居住者のコミュニティを育てるのだ」「マンションを花いっぱいにして居住者の心をなごませたい」——と、野﨑社長が熱い夢を語られるのを、私は感動しながらお聞きしたことを覚えています。25年も前のことです。

私をマンション管理の研究の深みに入り込ませたのは、野﨑さんと、高層住宅管理業協会の元専務理事だった米倉喜一郎さんとの出会いでした。お二人から「マンション管理を一流の業種に育てたい」という思いを何度も聞かされて、強く惹かれました。欧米のマンション管理業はすでに一流の社会的ステータスを持っていましたから、私は日本の管理業もこれから発展すると確信しました。

管理の基本は法律行為がすべての出発点

野﨑 最初はマンション管理に関する書物もなければ、教えを乞う指導者もいませんでした。それが私には励みになりました。建物関係ではマンション大手企業の部長に教えていただきましたが、私が強く感じ入ったのは「管理の基本は法律行為が全ての出発点」だということです。区分所有

「善管(ぜんかん)注意義務」を基本理念に据えて、人々の役に立つ事業を目指してきました。

法や各種規約、契約といったことが業務の中心にありますからね。

それなら、民法でいう「善良な管理者としての注意義務」を仕事の中心に置こうと考えました。それ以来、「善管(ぜんかん)注意義務」を基本理念に据えて、人々の役に立つ事業を目指してきました。

「善管注意義務」にはもう一つ理由があります。初期の時代には、マンション管理は関西と関東で手法が異なっているために、トラブルがよくありました。法律的にいうと関西は「委任契約」、これに対し関東では「請負契約」が一般的でした。

例えば、関西では預かった管理費は必ず精算して、余剰金として管理組合に報告します。しかし、関東は的確に業務を行えば、徴収した管理費は精算を必要としません。私はこの点を「ガラス張りの管理」にする必要があると痛感しました。

法律の前に「人の道」

マンション管理が一般の建物管理と違うのは「居住者とのコミュニケーション」、それと「管理費を扱う」ということです。ゆえに「善管注意義務」を明確にするため、預かり金の取り扱いは厳格にする。

管理員やフロントマンが自由に扱えるシステムではダメだということから出発したのです。

浪速管理では当初から、経理はすべて本社が担当し、管理員に現金の受け渡しは原則させない。全部、銀行振込みを利用しています。それが信用を厚くしました。

それから、管理の基本はもちろん法律ですが、法律の前に「人の道」を重視しました。マンション管理業界では「管理の良し悪しは管理員しだいだ」といわれていたことに、私は異議を唱えました。「管理の質は本社のバックアップ体制、研修指導とか管理システムで決まる」と思いました。

そこで、あらゆる観点から管理員教育に力を注ぎました。これは経営規模が大きくなった現在も、毎月実施しています。教育は徹底的にやる。そのすべての根底が「道」なのです。

私は社員に「働くというのは"傍（はた）を楽にする"ことだよ」とよく言います。マンション管理業では、まず従業員に働きやすい環境を提供し、待遇をよくする。そして、マンション居住者の皆さんが安心して住める環境づ

「管理の質は本社のバックアップ体制、研修指導とか管理システムで決まる」と思いました。

くりが"ハタラク"ことなのです。

そこから、私は建物管理で最も重要な大規模修繕を取り上げて、管理組合に長期修繕計画の提案ができるようにしました。これも業界他社に先駆けた事業です。

それと平行して、社内に「建物保全部」を新設して専門家を採用し、将来、何十年たっても「浪速管理に任せてよかった」と言ってもらえるメンテナンスの即応体制をつくりました。

——さて、マンション管理組合の円滑な運営には「維持管理」「運営管理」「生活管理」の3つの側面があるといわれます。

円滑な管理組合運営の4つの側面

藤本 現在は、マンションの周辺を含んだ「居住地域の管理」を加えた4つの側面が重要になっています。

まず「維持管理」。マンションは建物を専有部分と共用部分とに分けて所有するために、権利関係がすごく複雑です。区分所有者個人の専有部分の責任と、共用部分を管理する管理組合の責任との間のハード面の管理の重要性が高まっています。現在は賃借人が増加し、管理組合の合意形成がさらに困難さを増しています。

また、マンションには住戸専用とか店舗・事務所がある複合用途、単身者用、リゾートなどがありますが、年数がたつにつれて用途変更と空室増加も問題です。建物の設備更新、大規模修繕、メンテナンス。これに加えて今は安全確保のために、高齢化対応など、いろいろな改善を施す工事を実施することでグレードアップする必要があります。

次に「運営管理」は、マンションの共用部分を管理する管理組合をどのように運営していくかという経営からの側面です。つまり、区分所有者の意思決定をどのように円滑に進めるかが重要課題になります。

> 現在は、マンションの周辺を含んだ「居住地域の管理」を加えた4つの側面が重要になっています。

　それから「生活管理」が大切になります。マンションは一戸建て住宅と違い、縦横に積層化していますから「共同生活のルール」が必要になるわけです。

　ピアノ演奏音、人の足音、フローリング床の物音などの「生活騒音」の問題とか、「ペットの飼育問題」。今はかなり充足されていますが、「駐車場の問題」もあります。

新しい視点は「居住地域の管理」

　「居住地域の管理」は、地域コミュニティとも共存しながら快適な生活をどのように確保していくかです。マンションの住空間の整備、とくに周辺の街並みにフィットしたマンション環境づくりが大事になってきます。

　いずれにしてもマンションを魅力ある生活空間として形成するには、この4つの側面が重要です。とくに建物設備は老朽化しますから、どのように区分所有者の合意形成をしながら住環境を維持管理していくかが課題です。

　つまり、マンションを社会的な資産、良好な住宅ストックとして発展させていくためにも、適切な修繕をしながら高齢化対応する。加えて、

阪神・淡路大震災後はとくに耐震改修というような「安全・安心なマンションライフ」の維持、確保が必要不可欠になっています。

ソフトから、ハードが問われる時代に

野﨑 藤本先生がおっしゃった第4の側面、地域とのコミュニティの必要性が出てきたのは、1ヵ所で3千戸とか5千戸とか、街全体をマンションで構成するような時代がきたからです。超高層タワーマンションの出現で、狭い土地に何百戸ものマンションができる。すると、どうしても「日照権」や「環境破壊」が問題になります。周辺住民、あるいは地域社会との環境維持を考えなければならないことになったのです。

今後はマンションの老朽化が進んでいくので、地域に迷惑をかけないメンテナンスが求められます。それが地域のコミュニティをつくるための最低条件です。地域社会との融和や調和も大切だと思います。

私はマンションの「工事経歴書の作成」ということを11年ほど前から提唱しています。過去に行った工事履歴や将来計画、現在の修繕積立金額などの「情報開示」です。これがないと、中古マンションは流通さえもできないということが、このごろ、やっと業界で真剣に言われるようになりました。

これからはハードが問われる時代です。わが国マンションの半数以上が築後15年を超えています。しかもこれは年々、増加する一方ですから、大規模修繕や建て替えが深刻な問題になることは明白です。

したがって、経年化するマンションのハード面の管理・保全能力があるかないかによって、マンション管理会社の良し悪しも決まります。ハード面の提案能力があれば、結果的に効率よく、安いコストでこの難問題をクリアできるのです。管理組合に十分な条件が整わないままデベロッパーにすべてを委ねることは危険です。現に、修繕積立金を目当てに無責任な工事を行おうとするところもありました。

対談　21世紀のマンション管理「今日の安らぎ、明日への安心」

「今日の安らぎ、明日への安心」というテーマ

　私は高層住宅管理業協会「マンション保全診断センター」の副委員長をしながら、建物や設備の保全も早い時期から計画的に準備するべきだと主張してきました。大規模修繕は工事価格よりもマンションの状況に合わせた「質の高い適切な修繕」を重視するべきです。そういう提案型の管理をしなければ、将来への備えを万全にすることはできません。

　当社は「今日の安らぎ、明日への安心」をテーマに掲げています。今日の安らぎと言うのは、今日一日、十分なマンションライフをエンジョイできる管理の遂行。明日への安心は、この建物が計画的にメンテナンスされ、修繕積立金なども計画的に蓄積されているという安心感です。そこに力点を置いているのが、当社のマンション管理システムの特徴で、最も先進的だと自負しています。

　といっても、ソフト面を軽視しているわけではありません。年間40万株ほどの花を、高知県にある緑化事業部の直営プラントで栽培し、私どもが受託管理しているマンションに無償提供しています。これは創業以来の工夫の一つで「好きです！花と緑のある暮らし」のキャッチフレーズで行っています。かなりの労力と費用がかかりますが、少しでも地球環境保護に資することができればと頑張っています。

　もうひとつ、コミュニティ形成の一助に季刊紙「ザ・マンションLM（ライフ＆メンテナンス）」を年4回発行して、管理しているマンション全戸

緑化事業部の直営プラント（高知県）

へ無償配布しています。これによってマンション居住者の皆さんに管理面の啓発と、楽しいマンションライフの提案をしています。

——マンションに住む人々が増え、居住者の関心や意識の変化もあるようですね。

阪神・淡路大震災で芽生えた連帯意識

藤本 実は阪神・淡路大震災の復興は一戸建て住宅よりマンションの方が早かったのです。マンションに住んでいる多くの人が、避難する時に互いに助け合ったのです。建物の補修とか、建て替えに関しても、臨時総会が何回もあって、顔を合わせているうちに連帯意識が芽生え、協力姿勢が自然と醸成されたと思います。「みんなで助け合った」「自分一人だけじゃない」という実体験からでしょうか、それまであったトラブルも、スムーズに解決できるようになったといいます。

　私の研究では、マンション内の大きな紛争は減少する傾向にあります。以前は子供会、婦人会、老人会、自治会というような昔からある年齢層別の半強制的な活動が中心でしたが、最近は世代を超えたふれあいや、趣味のサークル活動などが盛んになっています。クリスマス作品展、ニューイヤーコンサート、子育てサークルといった幅広い活動が相互に影響しあっているのでしょう。マンションの集会所を拠点として、居住者間で新しい出会いをエンジョイする自発的な動きが生まれているのです。以前とまったく違った住み方がでています。そういう暮らし方は一戸建て住宅では生まれにくいですね。

　マンションの現状と課題を考えますと、やはり利害関係がありますから、合意をどのように形成するかが問題です。円滑にするのは簡単ではありませんが、日常的なコミュニティを醸成していけば、課題も解決されていきます。

円滑な合意形成のシステムづくりが重要

野﨑 マンション管理会社の存在価値もそこにあります。管理会社は管理組合の総会、理事会の運営を補佐することが重要な業務の柱です。その必要性が認められた結果、「マンション管理士」という資格や、管理会社に「管理業務主任者」を置く制度ができましたが、いちばん大事なことは、円滑な合意形成と迅速な意思決定です。

重要事項が特定の人によって決まるようなことがあっては、居住者全体の利益が損なわれる危険性があります。独断ができないシステムを考え、提言することが管理会社の重要な役割です。輪番制に近い役員の選任方法や、居住者全員が意思決定に参加する仕組みが必要です。これによってマンションの管理はまったく変わってきます。

企業の株主総会のように、あれほど法律で細かく決められていても、うっかりすると、いわゆる総会屋が登場したりします。運営には気をつけなければなりません。おおよそ、何人か人が集まれば考えを1つに集約することは難しいのです。

重要事項が特定の人によって決まるようなことがあっては、居住者全体の利益が損なわれる危険性があります。独断ができないシステムを考え、提言することが管理会社の重要な役割です。

国が策定した「管理の適正化の指針」に、区分所有者は意思決定において役割を果たすべき、ということが基本方向として明確にされたのは意義があります。

区分所有者は意思決定の役割をはたすべき

藤本 そのあたりに関しては、国が策定した「管理の適正化の指針」に、区分所有者は意思決定において役割を果たすべき、ということが基本方向として明確にされたのは意義があります。

　実際には委任状を集めて、総会出席者が居住者の１割にも満たないのに、意思決定してしまうというようなことが往々にしてありますからね。

野﨑 これは白紙委任だから問題なのです。せめて、議題ごとに書面議決ではっきり意思表示をする必要があります。だれかがやってくれるのではなく、居住者の皆さんが自分の大切な財産管理だということに目覚めてほしいですね。

　ただ、マンション居住者の意識はかなり変わりつつあることも事実です。そういうターニングポイントの時期にあることを管理会社がしっかりと認識することが、これからの円滑なマンション管理に影響します。

「総合管理型」と「コンサルティング型」の相違

藤本 管理システムの課題もあります。欧米は、金融管理を中心とした「コンサルティング型」ですが、日本は「総合管理型」ですから、委託管理で全面的に任せるというような形になりがちです。

アメリカでは、例えば予算は、総会を開かなくても理事会で決定できます。理事会の権限がかなり大きいのです。そして、管理員も自分たちで雇います。管理会社はこういう人物はどうですか、と紹介はするけれども、理事会が契約を結んで責任を持ちます。

日本では、管理会社と委託契約を結ぶので「全部お任せ」になりやすいですね。

管理運営の組織形態も、ドイツやフランスを代表とする「管理者型」では、法律で管理者の設置、業務内容を細かく決めています。罰則規定もあります。だから、法律で決められているとおりに業務を実行しないと、処罰されます。

日本では「理事会型」が中心ですから、管理会社が管理者になる場合は、法律に罰則規定がありません。

日本の管理の本質は「組織的自主管理」

野﨑 区分所有法も、適正化法も、管理の本質は「自主管理」としているのです。意思決定はあくまで区分所有者で、われわれ管理業者は自主管理のお手伝いをしているわけです。根本の意思決定がいい加減であれば、管理会社が好きなように、どうにでもできるのです。

そういう状況ですから、きちんとした管理会社が適正に管理組合の意思決定にかかわる手続きを補佐することは必要ですが、決定を左右することは避けねばなりません。

管理会社の責任、重要性はさらに高まる

藤本 管理の難易度はマンションの形状にもよります。リゾートマンション、事務所化された区分所有建物、小規模マンションとかの種類によってみな違います。合意形成、管理運営が困難なマンションに関しては、やはり「管理会社が管理者になる運営」をすることも必要です。

　そうしないと、居住者による管理組合で理事会をつくり、理事会が管理を主導する理事会型は運営が困難になってくるでしょう。反対によい意味でのムラ社会が形成できているようなマンションでは理事会型でも運営管理が比較的容易にできていくと思います。

　ですから、どのマンションにも同じ管理システムが当てはまるということにはなりません。いずれにしても、管理会社の責任というか、重要性というものはもっと高まると思います。

野﨑 現在の法制度では、リゾートや投資型などのマンション管理は、管理会社の経営基盤が確かなところでこそ可能であって、実績の乏しいところではどうでしょうか。管理会社が管理者になるということは、個人的見解としてはあまり賛成できません。

　それと、現在「信託管理」の研究が始まっており、法律を整備してマンションを売るときから責任を明確にするなどの方式については、区分所有法、適正化法の改正のときから、一部の先生がそういう制度を提起しています。

　つまり、最初から信託契約で売るわけです。その契約を締結しない場合は売買するわけにはいかない。だから、法の整備が必要になりますが、難しい問題がたくさんありますから一朝一夕にはできないでしょう。

——マンション管理業は新しい産業分野としての地位を確立するまでになりました。今後のマンションをとり巻く業界の環境、法整備について、どうご覧になっていますか。

最近の5年間で大きく変わった法律

藤本 これまでのマンション行政の動きは、いわゆるマンションの紛争にどう対応するかで、まず区分所有法が改正されました。そして、公的な問題を扱う行政組織として「財団法人マンション管理センター」ができました。しかし、地方自治体にはマンション管理問題の窓口がまったくなく、全国のマンション管理組合の連合体ができて対応してきたわけです。

　また、マンションについての研究も重要だということで、法学、社会学、建築学、住居学、経済学の各分野の研究者を集めて学際的な「日本マンション学会」が設立され、活動しています。

　地方自治体がマンション問題に二の足を踏んでいたのは、法的な根拠がないという理由でした。最初は保健所の立場から受水槽の衛生管理のチェックしかありませんでした。しかし、行政監察局からマンション維持管理対策は不十分だという勧告があったことと、老朽化が問題だという認識ができてきて、大規模修繕のための補助金、利子補給などの相談窓口が開設されました。

　阪神・淡路大震災が起きて「建物の耐震改修の促進に関する法律」ができ、必要に応じて耐震改修をする努力義務が課されたのも大きな変化です。耐震調査への自治体の補助金交付とか、住宅金融公庫の融資もつくようになりました。

　最近の5年間は、適正化法の制定などマンションをめぐる法律が大きく変わった時期といえます。この激変のきっかけは、マンションの老朽化問題がクローズアップされてからです。

　適正化法制定の経緯は野﨑社長がお詳しいですが、これは国会議員の提案だったのです。当時、私はイギリスに留学していました。何らかの動きがあると思っていましたが、2000年12月に制定され、翌年の2001年8月から施行されました。

管理のアンバランスを整理する必要性も

野﨑　私は適正化法ができる前にマンション業法が制定されるのではないかと期待していました。この問題は7、8年前から業界でも勉強していましたからね。ところが、その前に短期間で適正化法が成立し、私たちも少々驚きましたが、マンション管理の意識の高まりと、充実感が得られたと思います。

　マンション管理センターが名実ともに活動できるようになったことや、国の地方整備局、地方自治体の担当窓口にマンション管理に関する部署が設けられたことは、非常に嬉しいことです。

　ただ、区分所有法や適正化法と、国土交通省がこれまで指導してきた諸問題との整合性がまだ十分検討されていない点に課題が残っています。

　地方自治体に財源がないことも問題です。この財源については私なりに意見があります。マンションは敷地面でも効率よく建てられ、そこに人が集まるのだから所得税も、住民税も高い率で徴収できる。面積比でいえばマンション居住者からは税金を取りすぎている。そこを認識していただき、国や自治体は何らかの形でマンションへの助成を増やすべきではないかと思います。

　もうひとつ、適正化法でマンション管理士が誕生して管理のお手伝いをすることになっていますが、コンサルティング料に関する規定がありません。また、管理委託料や管理の品質には何の制約もないのです。だから、価格の大競争が起きている。

このようなアンバランスの背景を整理、制約する必要があると思います。

「管理の質の向上」がこれからの業界の課題

管理の質による標準管理委託料のようなものの設定を業界は望んでいますが、法律には「管理の質の向上」という視点はないのです。さらにいえば、登録さえすればだれでもマンション管理業者になれる。その点で業界団体である高層住宅管理業協会の役割は非常に大きいわけです。

いま、全国の登録業者は約2700社ですが、高層住宅管理業協会に加入している会社は450社程度。しかも、事故が発生したときのための保証機構に入っている会員会社は400社です。保証機構に入っていない業者はどうするのか。業務基準遵守のチェック方法がないのが、業界の課題です。

私たちは業界の社会的な地位の向上に懸命な努力をしていますが、業界の歴史が浅く、管理対応によって委託料が違うので、統一的なものの考え方ができないのが悩みです。

ただ、社会的な責任というと、現在、ざっと数えてマンション人口は1200万人になります。国の人口の約10％にもなるわけです。したがって管理業の社会的な責任は非常に重い。行政のみなさんにはこの点を、とくにお考えいただきたいと思います。

――人間が生活する場としてのマンションは、一戸建ての住まいとは違った楽しみ方、住み続けるポイントがあると思いますが、それはどんなところでしょうか。また、マンションと地域とのかかわりという面で、制度的に不足する部分や住環境の整備など、今後の展望をお聞かせ下さい。

具体化し始めた自治体の対応

藤本 たとえば、京都市は2003年から街並みを保つ市独自の条例を制定して、都心部のマンション形態に規制をかけました。

　一方で祇園祭を行う山鉾町では、マンション建設の事前交渉の中に、マンションの新住民が祇園祭の祭事に参加することを義務づけています。マンション居住者が古都の伝統行事をいっしょに行うのは素晴しいことだと思います。環境を配慮したライフスタイルを育成する住宅管理の取り組みは、少しずつ始まっているのです。

　地方自治体もこのところはマンション実態調査を始めるとか、リフォーム、耐震工事へ補助金を出すところがでてきました。マンションの補修・建て替えに関してアドバイザー派遣の費用を負担するところもあります。

　自治体によって力の入れ方にはかなりの差がありますが、これからは広がっていく期待はあります。過去、マンショントラブルの相談があると管理業協会などを紹介していたことを思えば、たいへんな進歩です。

隣人の顔が見えるコミュニティがいちばん

　マンションは、いわゆる地縁、血縁的に深い人間関係からは距離をおいたところにあります。新しい形の人間関係、コミュニティ形成の可能性があるわけです。

　さまざまな住民、いろんな人の参加と持続、最近よくいわれるサスティナビリティー（持続可能性）を優先させることによって、地域を含めたコミュニティを育むことが求められています。

　マンションには集会所、ゲストルーム、キッズルーム、ガーデンなどがあります。そういうコモンスペースを利用して良好なコミュニティを育成することができるのです。マンションに住むことは楽しい。そして、豊かな生活ができる要素があるのです。

　例えば、隣人たちとバーベキューやミニコンサートをする。防犯、防災でも、ホームセキュリティーに加えて、自主防衛組織を作ったりしています。一戸建て住宅に住むより、はるかに安心なのです。

　あの阪神・淡路大震災の時、高層住宅管理業協会加盟社が管理しているマンションでの死者は10名以下だった。それほどマンションは安全なのです。

　ほんとうの安全というのは、防犯カメラとかガードマンを雇うということより、隣人の顔が見えるということです。どういう人が住んでいるのか、お互いに知り合ったなかでの防犯というのがいちばん大切だと思うのです。

　高齢者の住まいとしても、マンションはとても住みやすい。バリアフリー化が簡単だということですね。また、外気温と室内温度の変化が少ないから、これも身体への負担が少ない。集会所を利用したデイサービスが可能です。

ライフスタイルは「孤住」から「集住」へ

　マンションは、それぞれが孤立して住む「孤住」から、集まって住む「集住」へ変化しているように感じます。

　生活する立場からいえば、新しいマンションライフとして、相互扶助の仕組みがつくられているところもあります。

　高齢者が一戸建ての持ち家を売って、マンションにかわるというような現象もほんとうに合理的だと思いますね。高度成長の時代は、住宅すごろくの上がりは、「終の棲家」が郊外の庭付き一戸建て住宅で、それを買えない人がマンションへという図式がありました。でも、子供が巣立った後も郊外の一戸建てということですと、医療機関とか、毎日のショッピングとか、庭の手入れの負担とかが大変だということになります。そのために、便利な都心へ、郊外の一戸建てを売って移り住んでくる。地方都市でも繁華街のマンションへ移住しているようです。

　そうしたことから、マンション自身も付加価値、例えばデイサービスや介護つきとか、寝たきりになっても住み続けられる医療つきのマンションもでき始めています。

管理の良さがマンションの付加価値を高める

野﨑　いま、藤本先生がおっしゃったようなまとまりこそ、本当のマンションライフです。規模にすれば200戸クラスのファミリータイプでよくみられます。

　そのスケールメリットを生かすためにも、管理の質を見極めることが大切です。これからは「マンションを売るなら管理を売れ」「買うなら管理を買え」というように、管理が行き届いているマンションは必ず付加価値が高い、住んでみたいマンションになります。

　ただ、大阪でも最近は1棟の管理戸数の平均が50戸以下の管理会社

が増えています。ところが、どんなマンションも法律は同一の規制をしていますので、小規模マンションと、大規模マンションとの管理面の格差は将来、いろいろな問題に発展することが予測されます。

さらに価格競争の弊害もたくさんでているので、経営に行き詰った会社が管理しているマンションの管理組合が助けを求めてくる「駆け込み寺」のようなものが必要になるかもしれません。

しかし一方で、安いだけの管理会社には管理を任せないという管理組合が着実に増えている傾向があります。良いことですね。

当社は2000年7月に、国際標準化機構からマンション管理業務全般の品質マネジメントシステム「ISO9001」の認証を業界で初めて取得しました。その後、認証取得に追随する管理会社も増えていますので、品質への考え方も変わろうとしています。

かつて、子供が小学校へ入学するから有名校の学区へ移ろうと、気軽に引っ越す居住者を見て、私たちは「マンションは不動産ではない」といった時期もありましたが、時代が変わったと実感します。マンションは進化しています。

いつの時代にも安全対策が最優先

野﨑 最後に一言申したいことがあります。私がいま、取り急ぎ整えなければいけないと思っていることは、地震・災害に対する問題です。これは管理組合と一体になって進める必要があります。

一つは、1978年（昭和53年）の宮城県沖地震後、建築基準法が改正（1981年）され、建物の粘り強さを設計時の構造計算に含めるようになりました。また、1995年の阪神・淡路大震災後の建築基準法改正では、立地条件や建物の構造の種類に応じて、より安全性を求める建築指導に変わりました。耐震改修促進法も制定されましたので、その趣旨をふまえて既存建物の場合は速やかに耐震強度調査を行い、補強などを

考えることが重要です。

　マンションの耐震強度調査の場合、各都道府県によって耐震対策が示されていますし、ところによっては無償調査や助成金を支給することもあるようですが、調査、補強適合への実行をはかるべきだと思っています。

　二つには、災害時への備えとして防災用品を管理組合でふだんから備蓄しておくことで、居住者により安心していただけるのではないでしょうか。

　いつの時代にも安全対策を最優先することが何より重要です。管理組合の良きパートナーとして、安全・安心を提供できるマンション管理こそ、21世紀に求められていると思います。

●対談を終えて●

　年齢層を超えた新しいライフスタイルが、マンションという居住形態の中に確実に芽生えつつあることが、対談でよく分かりました。今後も増加の一途をたどるマンションライフの付加価値をどのように高めるかは、ひとえに、マンション管理の質にあり、それを支えるマンション管理会社の社会的な役割は、ますます重要になると確信しました。本日は有難うございました。

マンション管理の基礎知識

これだけは知っておきたい！

1

マンションの特性

　建物と敷地を複数の人が所有（区分所有）して共同生活を営むマンションでは、登記簿上の権利関係、共用部分の維持管理上の義務、生活上のルールなど、戸建て住宅とは異なった法的・構造的な特性があります。
　快適なマンションライフをサポートする適正な管理の第一歩は、まずこの特性を十分に理解することから始まるといえます。

法的特性

■区分所有権と敷地利用権

　マンションには「個人が単独で所有できる部分」と「単独では所有できない部分」があります。1棟の建物のなかで「構造上区分された部分で、独立して住居、店舗などの用途に供することができるところ」を［専有部分］、「専有部分を除くすべての部分」を［共用部分］といいます。

　区分所有権とは、専有部分についての所有権です。共用部分については「区分所有者全員の共有に属する」として、共有持分を有することになります。ただし、売買に際して2つの権利を切り離すことはできません。

　敷地利用権とは、マンションの敷地に対する権利をいいます。本来、建物と土地はそれぞれ独立した別個の不動産として扱われるのが一般的ですが、マンションの場合は、原則として専有部分と敷地利用権を分離して処分することはできません。建物と土地の権利が一体でないと権利関係が複雑になり、共同生活の場であるマンションの実体にそぐわないことから、区分所有法で「分離処分の禁止」が明示されており、建物登記簿でも公示されています。

マンションの権利関係

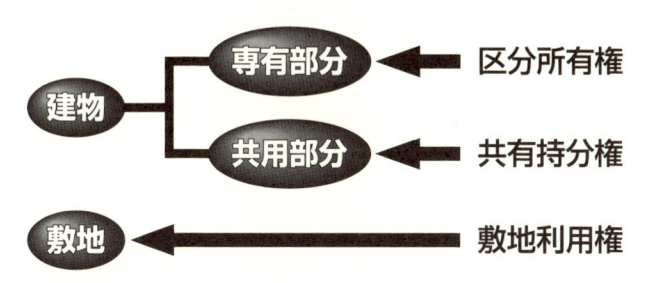

建物 ─┬─ 専有部分 ◀── 区分所有権
　　　└─ 共用部分 ◀── 共有持分権

敷地 ◀────────── 敷地利用権

これだけは知っておきたい！　マンション管理の基礎知識

■マンション関連の３つの法律

　マンションでの快適な暮らしと、みんなの大切な財産を守るためには、管理や使用についての「権利や義務」を明確にするとともに、「基本的なルール」を定めておく必要があります。マンションが本格的に普及し、日本の都市型住宅の主流として定着するにともない、そのための法律の制定と整備が進められています。

　現在、マンション関連の基本原則が定められているのは次の３つの法律です。

区分所有法　1962年（昭和37年）制定

　１棟の建物を複数の人が区分所有する分譲マンションの登場で、「建物の区分所有等に関する法律」＜区分所有法＞が誕生しました。マンションの適正な管理と利害関係の調整をするために作られた民法の特別法です。

　1983年（昭和58年）に大改正されましたが、さらに現行の規定では対処しきれない事項が生じ、阪神・淡路大震災を契機に復旧や建替え問題が現実化したことから、2003年（平成15年）に大幅に手を加えた「改正区分所有法」が施行されました。

管理適正化法　2001年（平成13年）制定

　住環境の変化にともないマンションの重要性が増大してきたことから、マンションにおける良好な居住環境の確保を図ることを目的に制定されたのが「マンションの管理の適正化の推進に関する法律」＜管理適正化法＞です。

　具体的な施策として、「マンション管理士」および「管理業務主任者」の国家資格の創設をはじめ、「管理業者の登録義務」や「業務規定」が定められています。指針には「管理運営の主体は管理組合にある」ことが明記さています。

建替え円滑化法　2002年（平成14年）制定

　将来の老朽化マンション急増に対応するため「マンションの建替えの円滑化

等に関する法律」＜建替え円滑化法＞も制定されました。
　この法律は、これまで規定のなかった「区分所有法第62条」における「建替え決議」（区分所有者数および議決権数の各5分の4以上の特別決議）後の具体的な手続きの流れを明確にすることで、老朽化マンションの建替えがスムーズに進められるよう規定したものです。

マンション関連の3つの法律

区分所有法
建物の区分所有等に関する法律

管理適正化法
マンションの管理の適正化の推進に関する法律

建替え円滑化法
マンションの建替えの円滑化等に関する法律

これだけは知っておきたい！　マンション管理の基礎知識

■法定点検のいろいろ

　マンションに設置されている設備や機器類が正常に作動しないと、日常生活にたちまち支障をきたすばかりか、思わぬ事故につながりかねません。

　建築基準法・消防法・水道法等の法律では、建物や諸設備の本来の機能を維持するために、「有資格者による定期的な調査、検査、点検等を行うこと」を定めています。法律にもとづくマンションの定期健康診断ともいえる大切な制度です。

特殊建築物定期調査(建築基準法)

　大勢の人が家庭生活や社会活動を営んでいる建築物は、いったん火災などの災害が起きると大惨事になる危険があります。このような危険を避けるため、建築物の安全性が確保されているかを防災面から有資格者（建築士等）に定期的に調査をさせ、その結果を特定行政庁に報告することを管理者に義務づけています。マンションの場合はおおむね３年ごとに実施されます。

建築設備定期検査(建築基準法)

　建築物に設置されている各種設備（換気設備、排煙設備、非常用照明設備、給排水設備）についても同様に、有資格者による定期的な検査と結果の報告を管理者に義務づけています。

エレベーターの定期検査(建築基準法)

　エレベーターの定期検査は、年１回の実施が定められています。検査結果は特定行政庁に報告するとともに、管理者にはこの報告書の写しを３年以上保管すること、および「定期検査報告済証」のカゴ内への掲示が義務づけられています。

消防用設備等の定期点検（消防法）

　消防用設備等（消火設備、警報設備、避難設備）については、毎年、定期的に有資格者（消防設備士等）による点検・整備を行い、消防署長等に結果報告することを管理者に義務づけています。機器点検は年2回（6ヵ月ごと）、総合点検は年1回行わなければなりません。

給水設備の維持管理（水道法）

　受水槽・高置水槽の清掃は、少なくとも年1回、定期的に都道府県知事登録の清掃業者に依頼して実施しなければなりません。また、水槽その他の施設の適切な維持管理、ならびに水質検査の定期実施も義務づけています。

電気設備の法定基準（電気事業法）

　自家用電気工作物は、一般的には電気主任技術者による年1回の定期巡視点検、ならびに3年に1回の精密点検を受けなければなりません。電気が身近に安全に使われているのは、こうした法的な規制にもとづいた設置と運用がなされているからです。

ガス設備の構造基準（ガス事業法）

　ガス設備の安全点検は2年に1回実施することになっています。また、建築基準法では、3階以上の階を共同住宅（マンション）の用途に使用する場合のガス配管設備についての構造基準が定められています。

これだけは知っておきたい！　マンション管理の基礎知識

構造的特性

■専有部分と共用部分

　マンションは専有部分と共用部分とで構成されています。
　専有部分とは、「構造上の独立性」と「利用上の独立性」を備えた区分所有権の対象になる部分をいいます。住居や事務所、店舗などがそれです。
　一方、共用部分とは、「専有部分以外の建物の部分」「専有部分に属さない建物の附属物」「専有部分とすることができる建物の部分および附属の建物で、管理規約で共用部分と定めた部分」のことをいいます。マンションの壁、柱、床スラブ、共用設備（エレベーター等）などはすべて共用部分です。

専有部分と共用部分の境界

　建物の中で法律的に区分所有できる独立した部分――つまり、コンクリートの床や壁、天井などで仕切られた住戸の内側が「専有部分」ですから、それ以外は「共用部分」と解釈されます。しかし、その境界について区分所有法には明確な規定がありませんので「管理規約で個々に定める」こととなります。

　一般的には「壁芯説」「内壁説」「上塗り説」の3つの考え方がありますが、マンション標準管理規約では「上塗り説」を採用しています。

　「上塗り説」による場合、隣戸と接している壁面のクロスを張り替えるなど、内装を変更することは可能ですが、躯体部分にクギやボルトを打ち込んだりすることはできません。各戸の玄関ドアや窓サッシなども同じように、内側の面を除いては共用部分となりますので、勝手に取り替えたり、外側を自由にペイントしたりすることは認められません。

マンションの特性

専有部分の概念

「利用上の独立性」とは
独立した出入口があって、直接外部に通じていること。

「構造上の独立性」とは
壁・扉・天井・床等によって他の部分から遮断されていること。

専有部分と共用部分の境界

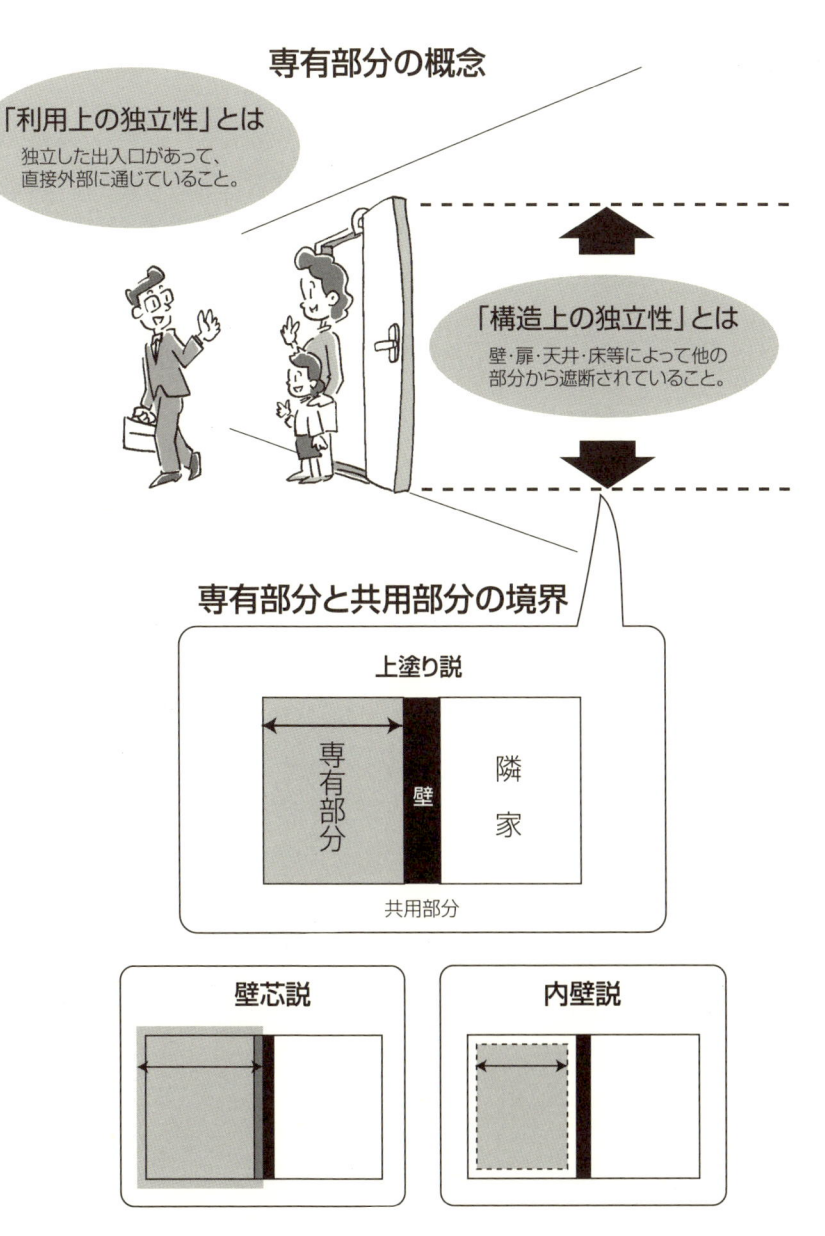

上塗り説

| 専有部分 | 壁 | 隣家 |

共用部分

壁芯説

内壁説

※面積表示上、一般的に販売用パンフレットでは「壁芯説」を、登記面積では「内壁説」を採用しています。

35

これだけは知っておきたい！　マンション管理の基礎知識

バルコニーは共用部分

　バルコニーは共用部分です。それぞれのバルコニーの面する住戸には管理規約により「専用使用権」が設定されており、ふだん使うのはその住戸に住んでいる方に限られますが、「万一の場合の避難通路」となる大切な部分です。そのため、大きな物を置いたり、緊急時の妨げとなるような使い方はできません。

　専用庭やルーフバルコニーについても、バルコニーと同じように専用使用権が認められている共用部分です。

法定共用部分と規約共用部分

　共用部分には、建物の構造上から専有部分を使用するために不可欠で法的に明らかな「法定共用部分」と、構造上は独立している部分を管理規約で共用部分と定め登記している「規約共用部分」があります。

　マンションの建物全体を形づくる鉄筋コンクリートの構造体や基礎工作物、内外壁仕上材、廊下、階段、エレベーターなどは「法定共用部分」。電気・ガス・水道の配線、配管も各戸のメーターまでは同じく法定共用部分です。

　一方、管理事務室や集会室もみんなで利用するための施設ですが、建物の構造上では独立性をもっていますので、管理規約で共用部分であることを定めて登記しておく必要のある「規約共用部分」となります。

法定共用部分	建物の部分	屋根、外壁、支柱、耐力壁、基礎部分、廊下、階段室、エレベーター室等
	建物の附属物	電気・ガス・水道の配管、配線、エレベーター、共聴アンテナ、避雷針ほか
規約共用部分		管理事務室、集会室、倉庫及び付属物

■建物と設備機器

　鉄筋コンクリート造りなどのマンションは、木造の建物が多い戸建て住宅に比べ気密性や耐久性に優れています。

　しかし、堅固にみえる鉄筋コンクリートも、長い年月の経過とともに次第に劣化が進みます。日光や風雨にさらされている屋根や外壁、みんなが使用する廊下や階段の床面も、タイミングよく補修をしていかなければ美観を損ね、資産価値を維持することはできません。

　また、マンションには専有部分に附属する設備のほかに、エレベーター、電気、ガス、給排水、消防用などの多くの共用設備や機器類が設置されています。

　日夜休みなく機能しているこれらの設備機器がいったん故障すると、日常生活にたちまち支障をきたし、緊急時用など設置目的に応じた機能を十分に発揮できなくなります。

　それだけに、適切な日常の点検、手入れは欠かせませんが、さらに、その重要性から「有資格者による定期点検」も義務づけられています。

計画的な補修が不可欠

　マンションの建物や設備機器の劣化、老朽化は避けられません。安全で快適なマンションライフを確保するためには、建物を末永く良好な状態に維持するとともに、設備機器の機能を最大限に発揮できるよう維持することが大切です。

　そのためには、定期的かつ計画的に補修（大規模修繕）を施すことが必要です。大規模修繕は法定耐用年数などを参考にしながら、実際の劣化状況を判定して行います。

　また、今後は居住者の高齢化に対応したバリアフリー化などの福祉改修工事をはじめ、社会環境の変化にともなうグレードアップ工事も優先課題として対応することが求められるのはいうまでもありません。

これだけは知っておきたい！　マンション管理の基礎知識

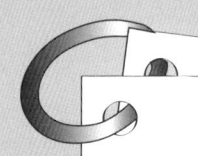

マンション管理のしくみ

　マンションの専有部分の維持管理は区分所有者個人に任されていますが、共用部分の維持管理は区分所有者全員で行うことになります。区分所有法は「区分所有者は全員で建物ならびにその敷地および附属施設の管理を行うための団体を構成する」と定めており、この団体が「管理組合」です。

　管理の基本的な事項は、管理規約を遵守し理事会決議をもとに、最高の意思決定機関である総会を開催して決定します。

管理の主体は管理組合

■区分所有者全員で構成する管理組合

　マンションの区分所有者になると、自動的に管理組合の構成員になります。管理組合に「入りたくない」とか「イヤだ」といっても認められませんし、任意に脱退することもできません。譲渡や相続によって新しく区分所有者になった人（承継人）も、当然に管理組合の構成員になります。

　管理の主体は区分所有者全員で構成する管理組合ですから、みんなが積極的に管理組合運営に参加し、協力しあってマンションの良好な住環境を維持することが大切です。言い換えれば、マンションを良くするのも悪くするのも、区分所有者一人ひとりの管理意識にかかっているといえましょう。

● **管理組合の構成員でなくても……**

　賃借人などの専有部分の占有者（区分所有者と同居する家族を含む）は、区分所有者ではありませんので、管理組合の構成員ではありません。

　しかし、建物や敷地および附属施設の使用方法については、区分所有者が管理規約や総会の決議にもとづいて負う義務と同一の義務を負います。共同の利益に反する行為は許されません。

　共同の利益に反する行為には次の4点があります。

　　　①建物の不当毀損行為
　　　②不当使用行為
　　　③プライバシーの侵害、ニューサンス（迷惑行為）
　　　④建物の不当外観変更行為

● **団地の場合は……**

　棟ごとに建物を管理する「棟別管理組合」と、団地内の土地や附属施設を管理する「団地管理組合」が併存して成立し、区分所有法が適用されます。

これだけは知っておきたい！　マンション管理の基礎知識

管理組合法人とは

　管理組合は、その必要に応じて「管理組合法人」になることができます。

　通常の管理を行ううえでは「管理組合」も「管理組合法人」もその機能に格別の差はありません。しかし、例えば、管理組合として①トランクルームを購入したい②近隣（隣接）の土地をマンションの駐車場として購入したい③事情により当該マンションのある部屋を購入したい──というように、不動産を取得して登記するためには、管理組合を法人化して対応しないと、手続きが煩雑なうえに費用も膨大になり、現実には不可能になります。

　区分所有者の数が2名以上でなる管理組合で、総会において区分所有者数および議決権数の各4分の3以上の多数による賛成があれば「管理組合法人」となることができます。

　ただし、設立登記費用をはじめ、役員改選にともなう代表理事の登記費用の負担がそのつど発生することや、理事が行った行為について全区分所有者は第三者に対して責任を負うことが明確になります。

管理組合と自治会

　管理組合と自治会とでは、その目的も活動内容も違いますが、快適な住環境をつくるためには、車の両輪のように協力しあうことが理想的です。

	管 理 組 合	自 治 会
目　　的	共有財産の維持保全 共同生活の秩序維持	住民の相互親睦 地域生活の向上
構　　成	区分所有者（組合員）	居住者全員（賃借人を含む）
加　　入	強　　制	任　　意
運営費	管理費、修繕積立金等	会　　費
ルール	区分所有法、適正化法 管理規約、使用細則 総会・理事会決議事項	自治会規定 町内会規定

■管理組合運営の仕組みと経済的基盤

　マンションの快適で安全な住環境を創造し、大切な資産価値を維持していくためには、建物内外の清掃をはじめ、共用設備や施設の点検・補修・修繕などを管理組合が主体となって適切に行うことが必要です。

　管理組合のこうした活動を支える経済的基盤となるのが、区分所有者がその持分に応じて負担する「管理費」「専用使用料」「修繕積立金」などの費用です。使用目的は異なりますが、これらを合わせて「管理費等」といいます。

日常管理にあてられる「管理費」「専用使用料」

　「管理費」と専用庭などの「専用使用料」は、共用部分の日常管理を行うために、年間を通じて経常的に支出される経費にあてられる費用です。

　一般的には次のような費用があげられます。

　　①共用部分の水道光熱費　②諸設備の保守・点検費用
　　③経常的な補修・修繕費　④備品費、通信費　⑤建物・敷地内の清掃費
　　⑥共用部分等にかかる火災保険料等　⑦管理委託費　⑧その他の諸費用

　日常の清掃が行き届いていると、居住者の暮らしの快適性が高まるだけでなく、来訪者にも好印象を与え、マンションの良い評価につながります。また、建物や設備の点検・整備がきめ細かく行われていると、故障や事故を未然に防止するとともに、耐用年数の延長にもなり、結果的に将来の出費を減らす効果が期待できます。

将来の大規模修繕に備える「修繕積立金」

　「修繕積立金」は、将来の大規模な修繕に備えて積み立てておく費用です。戸建て住宅であれば修繕も個人の意思で自由に行えますが、マンションの場合は区分所有者の合意形成が必要となります。

　そのため、この金額が低目に設定されていると資金不足をきたし、適切な時期に必要な修繕を円滑に実施することができなくなります。長期修繕計画を策定して見直しを適宜行い、しっかりと準備しておくことが大切です。

these だけは知っておきたい！　マンション管理の基礎知識

管理費等の収納方法

　共用部分の管理に必要な「管理費等」は、区分所有者が管理組合に納める費用です。収納方法には大きく２つの方法がありますが、管理組合と管理会社との間で締結されている管理委託契約にもとづいて、口座振替を利用して納めるのが一般的です。

　　［直接収納方式］　銀行の口座振替を利用し、区分所有者の口座から管理組合の口座に直接収納される方式です。

　　［集金代行方式］　集金代行会社による口座振替で、大半の銀行、郵便局に開設の区分所有者の口座から、いったん集金代行会社にて取りまとめ、管理組合の口座に振替えられる方式です。

　直接収納方式では、区分所有者が取扱いの銀行の本支店に限られるのに対して、集金代行方式では、さまざまな銀行、支店で利用でき、口座振替手数料も低額であることから、昨今は集金代行方式で行われるケースが多くなっています。

管理費等の会計処理

　日常管理にあてられる「管理費」と、将来の大規模修繕に備える「修繕積立金」は一緒に収納されますが、使用目的が違いますので会計処理は別々に行われます。

管理費等の支払いは区分所有者の義務

　管理費等の額は、マンションを維持管理していくために必要な金額を計算して定められているので、区分所有者の１人でも滞納があれば管理運営の費用に不足が生じ、全居住者に迷惑がかかります。
　そのため、区分所有法では管理費等の支払いを「区分所有者の義務」として定め、管理費等を滞納したまま当該住戸を売買した場合には、新しい区分所有者に支払い義務が承継されることになっています。

■規約で定める管理の基本ルール

　マンションの管理と使用に関する基本原則は、区分所有法に定められています。ただ、ひと口にマンションといっても、その立地条件や構造、規模がさまざまなように、管理や使用方法も当然マンションごとに異なります。
　そのため、区分所有法では各マンションの固有の事情に応じて、管理の基本的なルールを「管理規約」として定めることができるようにしています。

管理規約はマンションの『憲法』に等しい

　管理規約は、管理運営の要として作成するマンション独自のルールで、いわばマンションの『憲法』とも言われるほど重要なものです。区分所有法をベースに、管理規約で「別段の定めができる事項」「任意で定めることができる事項」について、マンションごとの実情に合わせてルールを定めています。
　管理規約の効力は、区分所有者はもちろん賃借人や同居人など居住者全員に及びます。いつでも内容が確認できるように大切に保管し、マンションを売買した場合には、新しい区分所有者に引き継がなければなりません。

実態に合わせて見直すことも必要

　区分所有者の総意を反映させて慎重に定めた管理規約も、時代の変化などにともなって、実情にそぐわない事項や、新たに加えたい事項がでてきますので、ときどき見直すことが必要です。
　国土交通省では、管理組合が各マンションの実態に応じて管理規約を作成、変更する際の参考として「マンション標準管理規約」を示しています。
　管理規約を設定・変更・廃止する場合は、管理組合総会で、区分所有者数および議決権数の各4分の3以上の賛成を得て改正することができます。
　なお、管理規約に盛り込まれない細かなルールは、使用細則の形で定めています。

これだけは知っておきたい！　マンション管理の基礎知識

管理方式の種類

　マンションの管理の主体は、区分所有者全員で構成される管理組合です。
　しかし、管理組合の業務の範囲は非常に幅広く、なかには専門知識や法的資格を要するものがたくさんあります。また、たとえ単純な作業でも継続して行うには、かなりの労力が必要となります。
　そのため、管理組合の体制を整えて、自分たちのマンションの管理をどういう形で行えばいいのかをまず決めて、組合運営に支障をきたさないように計画的に取り組んでいくことが重要になります。
　実際に行うマンションの管理形態には「自主管理方式」「一部委託方式」「全面委託方式」の３つの方式があります。

■自主管理方式

　管理業務のすべてを管理組合で自主的に行う方式です。
　建物や設備の保守点検は専門業者と直接契約をして委託しますが、できる限りみずからが実際の管理行為にあたることで経費節減がはかれます。
　しかし、区分所有者の負担が大きく、管理組合員の意識が高くなければ継続するのは大変です。

マンション管理のしくみ

■一部委託方式

　管理業務のうち、一部を管理会社に委託する方式です。

　例えば、設備のメンテナンスや清掃業務を委託し、事務管理にかかる業務は管理組合が行うケースなどがあります。

　区分所有者の負担はある程度大きくなりますが、その分、管理委託料は安く抑えることができます。

■全面委託方式

　管理の基本方針は管理組合で決定し、その管理業務を全面的に管理会社に委託する方式です。

　管理委託料は発生しますが、プロ集団である管理会社の知識や技術を利用することで区分所有者の負担は少なくなります。

　ただ、たとえ全面委託方式であっても、管理会社は管理組合の意思決定にもとづく業務を受託するということが大前提ですから、その意味では「組織的自主管理」とも解されます。

　なお、全面委託方式においても「住込み管理」「通勤管理」「巡回管理」「交代制管理」など、業務実施態様はさまざまです。管理員・清掃員などの人員配置や勤務時間についても、管理組合が決定した基本方針によって仕組みは柔軟に対応できます。

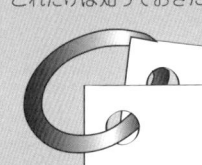

これだけは知っておきたい！　マンション管理の基礎知識

マンション管理の
ポイント

　マンション管理の目的は、建物の共用部分やその敷地、附属施設などを対象に機能の維持ならびに安全・安心の確保をして資産価値を長く守るとともに、美観に配慮した快適な住環境を維持することにあります。
　マンションを購入する時の選択基準として「管理を買え」といわれます。これは、管理の主体は区分所有者全員で構成する管理組合ですから、組合員一人ひとりの管理意識がマンションの評価につながっているということです。

マンション管理のポイント

管理組合と管理会社はマンション管理のパートナー

　管理の良し悪しが、マンションの資産価値や居住性を大きく左右するといっても過言ではありません。区分所有者全員で管理組合を組織し、自分たちのマンションを適切に維持管理していくのは、真に重要な業務なのです。
　ところが、区分所有者である管理組合員の多くは仕事に従事しており、役員に選任されても組合業務に専念することができません。しかも、マンションの管理業務は多岐にわたり、統一的に継続して確実に行うことが求められるのに加え、専門知識や法的資格を要することがたくさんあります。

　したがって、これらの重要な管理組合の業務を自分たちだけで実施するのは現実問題として困難なことから、専門性の高い管理会社に業務を委託する「全面委託方式」が、最も一般的な管理形態となっています。
　しかし、管理運営の主体はあくまでも管理組合であり、管理委託契約にもとづいて業務サービスを提供するのが管理会社の役割です。
　それだけに、管理を適正に推進するには、管理組合と管理会社が意思の疎通をはかり、相互理解を深めて、より良い信頼関係を築くことが不可欠です。
　つまり、管理組合と管理会社が「良きパートナー」として尊重しあい、協力しあうことが、マンション管理で最も望ましい姿ということです。

これだけは知っておきたい！　マンション管理の基礎知識

■管理会社の役割

　管理会社は、マンションの建物・設備面（ハード面）の機能維持から良好な住環境・コミュニティ（ソフト面）の基盤づくりにいたるまで、管理に必要なノウハウや技術を持ったプロ集団です。

　管理組合は、確かな能力と実績を有する管理会社を見極めて業務を委託することにより、質の高い業務サービスやアドバイスを受けることができます。

　管理委託契約にもとづいた業務内容を誠実に履行し、健全な管理組合運営を効率的にサポートするとともに、居住者が将来にわたって快適なマンションライフを送れるよう、プロとしての専門的な能力を最大限に発揮することが管理会社の果たすべき役割です。

管理委託契約書に基づく業務遂行

　区分所有法の定めにより、マンションを購入した時から区分所有者は管理組合の一員となり、共用部分の管理に関して義務を負うことになります。

　新築マンションの場合、区分所有者が集まって管理組合を結成するわけですが、入居当初から日常生活上の支障をきたさないよう、分譲会社などがあらかじめ管理会社や管理内容を決めておくのが一般的です。ただ、これらは本来、管理組合が決めるべき事柄ですから、委託した業務が適切に実施されないなどがあれば、所定の手続きを経て管理会社を変更することができます。

　管理会社は管理組合と締結した管理委託契約書に定められている管理仕様にもとづいて、委託された範囲や内容の業務を確実に遂行し、その状況を定期的に管理組合に報告することが契約履行になるわけです。

　業務の内容はマンションの実情によって異なりますが「全面委託方式」においては、管理費等の徴収・出納・収支報告や理事会補佐等の「事務管理業務」「管理員業務」、共用部分の「清掃業務」、建物、設備の定期点検等の「建物設備管理業務」を行います。

マンション管理のポイント

● **管理会社の特性**

　管理会社には、大きく分けて「デベロッパー系」（マンション分譲会社の系列にある管理会社）と「独立系」（系列に属さない管理会社）の2種類があります。

　また、企業の成立過程から見ると「マンション管理専業の管理会社」と「ビルメンテナンス業や警備業など他業種から管理業に参入した管理会社」があります。

　それぞれ特性があるほか、会社の規模・管理受託戸数・サービス内容・料金も異なりますが、『管理』によってマンションの安全性や快適性が大きく変わってくることは事実ですから、あくまで管理の品質を最優先に選択したいものです。

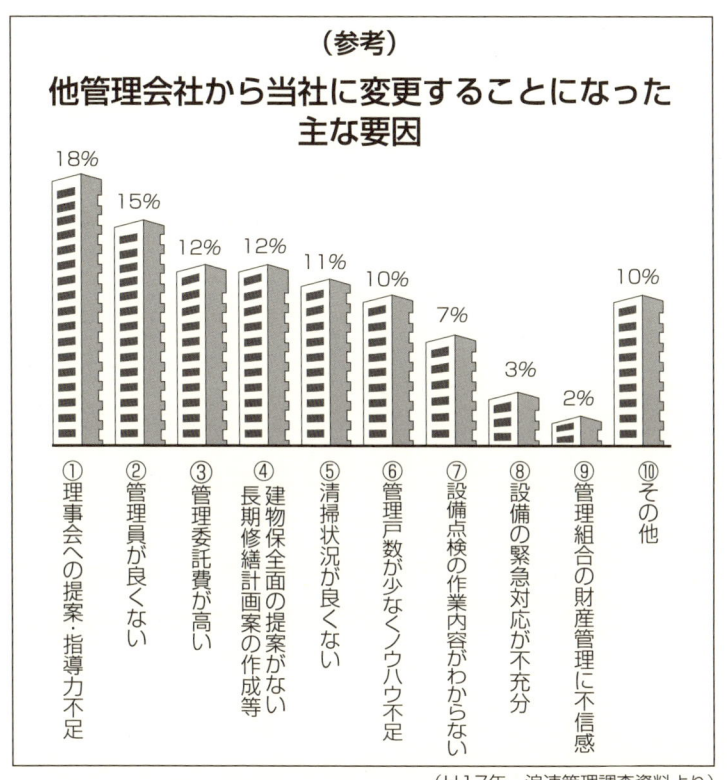

（参考）
他管理会社から当社に変更することになった主な要因

順位	要因	割合
①	理事会への提案・指導力不足	18%
②	管理員が良くない	15%
③	管理委託費が高い	12%
④	建物保全面の提案がない長期修繕計画案の作成等	12%
⑤	清掃状況が良くない	11%
⑥	管理戸数が少なくノウハウ不足	10%
⑦	設備点検の作業内容がわからない	7%
⑧	設備の緊急対応が不充分	3%
⑨	管理組合の財産管理に不信感	2%
⑩	その他	10%

（H17年　浪速管理調査資料より）

これだけは知っておきたい！　マンション管理の基礎知識

最も身近な管理員の業務

　管理委託契約にもとづいて管理会社が提供する業務の内容はさまざまですが、マンション居住者にとって「管理の良し悪し」を評価する最も身近な対象は、管理会社から現地に配属されている管理要員（管理員・清掃員など）でしょう。

　管理員の仕事は、居住者や来訪者と応対する「受付業務」、各種機械設備の作動状況をチェックする「点検業務」、業者の行う補修工事などの際の「立会業務」、通知事項の掲示や業務日報の記載などの「報告連絡業務」、諸施設の運営補助や管理費等の未収納金の督促補助業務などの「管理補助業務」があります。

　このほかにも、建物内の巡回、照明器具の交換、清掃業務のチェック・フォロー、近隣の町内会や官公庁との交渉など、じつに幅広い役割を担っています。また清掃業務を管理員が兼務している場合もあります。

　こうした業務内容や労働時間なども管理委託契約でその範囲が決められます。したがって、管理員業務がきちんと行われているかどうかで、現地業務をバックアップする管理会社の本社機能や管理員研修体制のレベルが推測されることになります。

管理業者の登録制度

　1985年（昭和60年）に「中高層分譲住宅管理業者登録規程」ができ、管理組合が管理会社を選択する際の目安となるよう、国の機関に登録した管理会社の概要が一般に公開されるようになりました。

　その後、2001年（平成13年）に「管理適正化法」が施行され、管理会社は国土交通省への登録が義務づけられました。管理業務主任者数や資産額など一定の条件を満たしていなければ登録できず、管理業を営むことはできません。

　マンションの重要性が増し、居住者のライフスタイルも多様化するなかで、マンション管理会社は住生活に最も密着した都市型サービス産業として、さらなる健全な発展、業務内容の充実が求められています。

管理適正化法で定められている管理会社の業務規定

〇「管理業務主任者」の設置

　管理会社は事務所ごとに、管理事務を受託した管理組合数30当たり1名の専任の「管理業務主任者」を置かなければなりません。
　（「管理業務主任者」とは、マンション管理について一定の知識と経験を有し、管理事務報告などの実務を行う者の国家資格です）

〇重要事項の説明等

　管理会社が管理組合と管理委託契約を締結するときは、事前に区分所有者全員に管理業務主任者の記名押印のある重要事項等を記載した書面を交付するとともに、管理事務の内容や費用等について管理業務主任者が説明会を開催して説明をしなければなりません。

〇契約締結時の書面の交付

　管理会社は管理組合と管理委託契約を締結したときは、当該管理組合の管理者等（管理組合理事長）に対し遅滞なく、一定の事項を記載した管理業務主任者の記名押印のある書面を交付しなければなりません。

〇再委託の制限

　管理会社は管理組合から委託を受けた管理事務のうち基幹事務について、一括して他人に再委託することはできません。

〇管理事務の報告

　管理会社はマンションの管理者に対し定期に、管理業務主任者から管理事務に関する報告をしなければなりません。

〇財産の分別管理

　管理会社は管理組合の修繕積立金などの財産については、国土交通省令で定める方法により、自己の固有財産および他の管理組合の財産と分別して管理しなければなりません。

これだけは知っておきたい！　マンション管理の基礎知識

■管理組合の役割

　マンションの建物や敷地などの共用部分は区分所有者全員の共有財産です。この大切な共有財産と快適な住環境の維持管理は、区分所有者全員が協力しあって行う必要があります。

　区分所有法では、区分所有者全員で管理組合を構成することが定められています。区分所有者である限り任意に管理組合を脱退できないのも、管理組合がマンションの維持管理に欠かせない重要な組織だからです。

　自分たちの共有財産をどのような方法で、どれぐらいの費用で維持していくのか、共同生活の秩序はどのように守っていくのか、その方向性を決めて区分所有者の合意形成を行うのが管理組合運営の第一歩となります。

総会が最高の意思決定機関

　区分所有者一人ひとりが共有財産を守る意識をもつことは大切ですが、実際に全員で管理を行うのは大変です。そこで区分所有法は、管理に関する区分所有者の意思決定の場として「集会」を開催する制度を設けました。マンション標準管理規約ではこの集会を「総会」と位置づけています。

　管理組合の総会は1年に1回必ず開催し、活動内容や収支状況を区分所有者に報告するとともに、新たな活動計画や収支予算案、役員の選出、特別な議案など、管理上の基本的な事項について審議を行い、区分所有者の承認と合意を得て決めなければなりません。重要な決議事項が生じたときは適宜、臨時総会を開催して審議し、決定していきます。

　したがって、総会が適正に開催され運営されるよう区分所有法では、総会の招集方法・開催手順・要件等が細部にわたり厳格に定められています。

　このように「総会」は、管理組合の中心的かつ最高の意思決定機関ですから、区分所有者の意思が正しく反映されるよう支障のない限り出席し、真の合意形成が行われることが望まれます。

マンション管理のポイント

管理組合の組織(例)

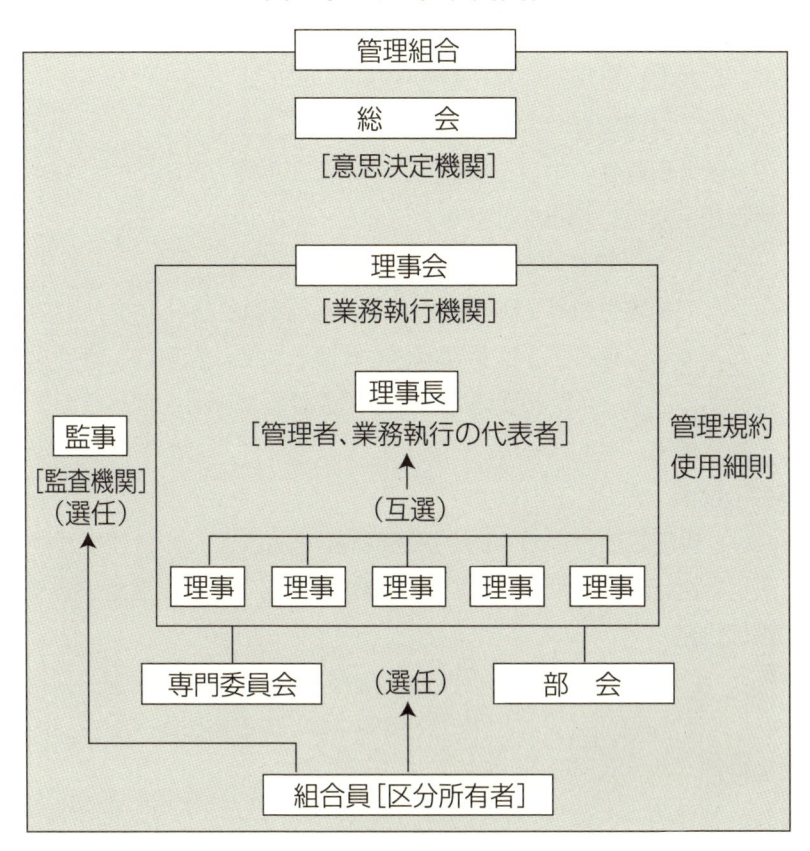

```
管理組合
 └ 総会 [意思決定機関]
    └ 理事会 [業務執行機関]
       └ 理事長 [管理者、業務執行の代表者]
          └（互選）理事・理事・理事・理事・理事
```

- 監事 [監査機関]（選任）
- 専門委員会
- 部会
- 組合員 [区分所有者]（選任）
- 管理規約 使用細則

管理組合役員の職務分担(例)

役員	理事	理事長・副理事長	
		書記担当	営繕担当
		広報担当	駐車場担当
		会計担当	施設担当
	監事		

53

これだけは知っておきたい！　マンション管理の基礎知識

管理組合と理事会

　管理組合は区分所有者全員で組織・運営され、総会が最高の意思決定機関となります。しかし、日常的な維持管理業務について、そのつど総会を開催して決めていたのでは時間がかかり、スムーズに前に進まなくなってしまいます。

　そこで、区分所有者の中から役員を選び、管理規約の定めにもとづき一定の範囲で管理組合業務の執行を任せる方法がとられています。役員として選ばれるのは「理事」と「監事」です。

　理事によって組織される「理事会」が業務執行機関となります。したがって、理事会を代表する「理事長」は管理組合を代表します。監事は、管理組合運営の「監査機関」です。また必要に応じて専門委員会や部会を理事会の下に設けることもあります。

● **理事会の役割**

　理事会は、管理規約の定めや総会決議事項を推進するため各理事が業務を分担し、事業計画にもとづく具体方針の検討や策定を行う役割を担います。

● **理事長の役割**

　理事長は、理事の互選で選出されます。区分所有法上の管理者で業務執行の代表者となり、法律や規約にもとづく権限と同時に多くの義務を負います。

● **監事の役割**

　監事は、管理組合の業務執行状況と財産状況をチェックする監査機関です。理事会からは独立しているので、理事を兼務することはできません。

円滑な管理組合運営のために

　理事会が活発に機能することが管理組合運営の原動力となりますが、それには区分所有者の理解と協力が不可欠です。無関心や誤解を招くことのないように、業務執行機関として広報などで適切な情報公開をすることが必要です。

　また、管理の重要性をみんなが理解し、一部の人の独断による弊害を生じさせないためにも、できれば全員が定期的に役員を務めるなど、理事会全体が常に風通しのよい状態に活性化されるよう工夫することが重要でしょう。

管理組合の業務

1. 管理組合が管理する敷地および共用部分等の保安、保全、保守、清掃、消毒およびゴミ処理
2. 組合管理部分の修繕
3. 長期修繕計画の作成または変更に関する業務
4. 建物の建替えに係る合意形成に必要となる事項の調査に関する業務
5. 適正化法第103条に定める宅地建物取引業者から交付を受けた設計図書の管理
6. 修繕等の履歴情報の整理および管理等
7. 共用部分等に係る火災保険その他の損害保険に関する業務
8. 区分所有者が管理する専用使用部分について管理組合が行うことが適当であると認められる管理行為
9. 敷地および共用部分等の変更および運営
10. 修繕積立金の運用
11. 官公署、町内会等との渉外業務
12. 風紀、秩序および安全の維持に関する業務
13. 防災に関する業務
14. 広報および連絡業務
15. 地域コミュニティにも配慮した居住者間のコミュニティ形成
16. 管理組合の消滅時における残余財産の清算
17. その他組合員の共同の利益を増進し、良好な住環境を確保するために必要な業務

(マンション標準管理規約より)

※マンションの実情に応じて、これ以外の項目を管理規約で定めることもできます。

これだけは知っておきたい！　マンション管理の基礎知識

■区分所有者の役割

　マンションは上下左右が連動した集合住宅です。区分所有の対象となる専有部分は、区分所有者全員の共有財産である共用部分に囲まれる形で存在します。
　こうした上下左右の関係や構造上の特徴を理解し、マンションのメリットを有効に生かせるよう連帯意識をもつことが、共同生活には必要です。
　いくら自分の家の中をきれいにしていても、共用部分がきちんと手入れされていなかったり、暮らしのモラルが確立されていなければ、決して資産価値の維持も快適なマンションライフの実現も望めません。
　区分所有者は、自分の財産を守るためにも、こうした基本的な事項を認識しておくことが大切です。

管理組合員の義務と責任

　区分所有者は、マンションを購入すると自動的に管理組合員になります。それにともない、建物ならびに敷地および附属施設の管理や使用方法について、管理規約などに定めるルールや総会での決議事項を遵守する義務を負います。
　こうした事柄が守られないと、他の居住者の迷惑になるだけでなく、共有財産の価値を損ない、区分所有者の共同の利益に反することから、区分所有法では義務違反に対する措置についても定めています。
　管理組合員だけでなく、マンション居住者全員が、共同生活のルールを守る義務と責任を果たさなければならないのは当然です。

住まい方のルール

　マンションにおけるトラブルの大半は「音」「におい」など生活マナーに起因する事柄です。居住者のモラルの問題ともいえますが、1人が「少しくらいなら」と思っても、人数が集まると大きな問題に発展するのが共同生活です。無用なトラブルを避けるためにも、みんなが納得できる住まい方のルールを使用細則として決め、それを守ることはマンションで暮らす基本的な心得です。

マンション管理のポイント

> マンションではバルコニーや専用庭の利用にも一定の制約があります。
> 「小さな気配り」は、だれもができる自然体のマンション管理です

○水やりにご注意を

　バルコニーは一般に防水工事を施していないことが多いので、水をこぼすと階下に漏水する場合があります。
　プランターや植木鉢に水やりをするときは十分に注意しましょう。

○避難通路の確保を

　消防法上、バルコニーは避難通路となっています。パーテーションの前に植木鉢やプランターを置くと、火災などの緊急時に避難ができません。必ず避難通路を確保してください。

○事故にならないように

　植木鉢が落下すると大きな事故につながる可能性があります。バルコニーの手すりの上にプランターを置いたり、外側に植木鉢を吊り下げることは非常に危険です。絶対にやめてください。

○排水口はこまめに掃除を

　バルコニーの排水口が花びらや落葉、土などでふさがれると、漏水の原因になります。日ごろからこまめに掃除をしましょう。とくに梅雨のシーズンは要注意です。

○どんなに綺麗でも

　匂いがきつかったり、花粉が飛び散る、虫がつきやすい種類の植物は、他の居住者の迷惑になります。細やかな配慮が大切です。

これだけは知っておきたい！　マンション管理の基礎知識

コミュニティ形成の重要性

　マンションの維持管理が適切に行われるには、つね日ごろから居住者が互いに気軽に話しあい、協力しあえる近隣関係をはぐくみ、マンションが1つのコミュニティとして機能することが大切です。

　居住者どうしの理解が深まると、日常生活の中で「お互いさま」の気持ちが広がり、「音」の問題ひとつ取っても、多少の音は気にならなくなったり、深夜の足音には気をつけるなど、無意識のうちに受け取り方や気配りの仕方が違ってきます。

　また、万一の時、日ごろの人間関係が大きな力となることは、事故や災害の当事者のみならず、誰もが感じていることでしょう。

　マンションでは子どもたちを通じて近隣との付き合いが始まることが多い半面、夫婦だけとか高齢者の世帯にとっては、何となく孤立してしまう空気が生まれます。わずらわしい近所づきあいをしたくないからマンション暮らしを選んだという人も案外、多いものです。

　しかし、同じマンションで生活する以上、どんな重大事が発生するか知れないし、最終的には何事も自分たちで解決しなければならないわけですから、居住者どうしが打ち解けあって、いざという時には前向きに語り合えるベースを作っておく努力が欠かせません。ここが管理組合活動の大切なポイントです。

　実際に、管理組合や自治会の「餅つき大会」や「夏祭り」などのイベントがきっかけとなって、違うフロアの人とも気軽に挨拶が交わせるようになることは珍しくありません。仲間意識が生まれてトラブルが減少し、管理組合運営が一段と活発になるケースがよくあります。

　最近は、趣味を生かした高齢者のサークル活動を通じて新たな居住者ネットワークができ、高齢者と子どもたちが遊ぶほのぼのとした光景を見かけるなど、マンションの雰囲気が和やかになったところもあります。

マンション管理のポイント

毎日の暮らしを心地よく、そして将来の安心につなげるためにも、さまざまな活動の幅を広げ、積み重ねて、コミュニティを大切に育てることが重要です。

2 マンション管理の12カ月

大切な資産を守る！

大切な資産を守る！　マンション管理の12ヵ月

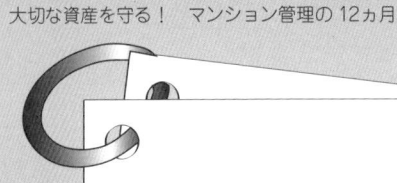

マンション管理の
コア業務

　マンションの管理組合が管理会社に委託している業務は、大きく5つあります。これが管理のコア（中心）となる業務です。①事務管理業務　②管理員業務　③清掃業務　④建物設備管理業務　⑤緊急対応業務ですが、それぞれの業務内容や実施要領、経費負担区分などは管理仕様書で定められています。

　大切な資産を守るためのこれらの業務は、どのような手順で進められるのか？浪速管理の管理システムによる基本的な推進手順でコア業務を紹介します。

委託管理業務の推進手順

　管理業務を行うにあたり、理解しておかなければならないポイントは、「管理会社は管理組合からすべての業務を受託しているのではない」ということです。
　管理組合が行う業務は管理規約で定められています。そして、そのうちの一部が管理会社に委託されているのです。

　意思決定をするのはあくまでも管理組合であることを忘れてはなりません。管理会社は受託した業務を誠実に履行するなかで、その意思決定が適正にできるように、良好な環境を提供するのが本来の姿です。それには日ごろから、管理組合運営のパートナーとして、信頼関係を積み重ねていくことが大切です。

■事務管理業務

事務管理業務とは

　管理組合運営の経済的基盤であるマネジメントの分野をサポートするのが「事務管理業務」です。おもに管理会社の本社機構で遂行します。
　2001年（平成13年）に施行された適正化法では「管理事務」と定義されています。とくに重要な事務として ①管理組合の会計の収入および支出の調定 ②出納 ③マンションの維持または修繕に関する企画または実施の調整――の3つを＜基幹事務＞と定め、これを一括して第三者に再委託してはならないことになっています。
　浪速管理では、当初よりコンピューターによる独自の会計システムを構築して管理費等の集中管理を実施し、月次収支報告書を管理組合に毎月提出するなど、時代に先駆けた対応をしてきました。
　現在は㈱オービックと共同開発した「OBIC7管理組合会計システム」により、さらに付加価値の高いマネジメント業務を提供しています。このシステムは、どこの管理組合、管理会社でも使えるパッケージソフトとして、全国で販売されています。

大切な資産を守る！ マンション管理の12ヵ月

浪速管理・オービック共同開発〈管理組合会計システム〉概要

★：オプションサブシステム

- Info-Search ★
- 保険・預金期日管理
- 物件収支管理 ★
- 費目別未収金管理機能
- ファームバンキングデータ自動作成
- 自動振替機能
- クレーム対応履歴
- 長期修繕積立金管理 ★
- 自動入金機能
- Super Mansion EX
- 多会計型組合管理機能
- 延滞損害金計算
- 督促状自動発行
- 団地型・複合型組合管理機能
- 付帯設備情報管理 ★
- 協力会社作業管理 ★

※オプション・サブシステムは自由にくみあわせて基本システムへ組込めます。

事務管理業務の具体的な内容

①管理組合の会計の収入および支出の調定〈基幹事務〉

　マンション会計は、まず計画をきちんと立てること、そして計画通りに実行されているかを定期的にチェックすることが基本です。こうした、管理組合の会計の収入および支出の調定を行う「会計業務」は、適正化法で定める基幹事務のひとつです。

　区分所有者の大切な資産を厳正に管理するため、日常的な出納業務を適正に行うほか、会計業務として毎月末までに月次収支報告書を管理組合に提出し、収支状況を報告。さらにマンションの決算月には、予算・決算対比収支報告書や科目明細・集計表等の作成および次年度の予算案等の提案を行います。

　とくに管理組合に歓迎されているのが、さまざまな資料作成で組合業務に貢献していることです。本社事務センターに高性能印刷機器を備え、決算時に必要な総会資料はA4版冊子に見やすくまとめ、区分所有者に提供しているのはその一例です。

②出納〈基幹事務〉

　事務管理業務のなかの「出納業務」も、適正化法で基幹事務に定められている業務です。

　毎月の管理費、修繕積立金、駐車場等の専用使用料は、区分所有者の指定口座から自動引落しにより管理組合名義の口座に収納されます。

　管理費用の支払いは、管理組合の承認を受けたうえで行う仕組みです。公共料金や定額支払い経費は当初に確認を受けて口座振替等を利用します。

　管理組合に毎月提出される月次収支報告書には、損益計算書・貸借対照表（資産状況報告書）・未収納金明細・前受金明細・出金科目明細とともに、出金記録が記載された通帳のコピーが添付されます。

　これらの書類は会計帳簿として適切に保管され、さらに管理組合運営に必要な資料作成に活かされます。

　また、管理費等の滞納を発生させないよう、浪速管理では年2回［滞納管理費等督促強化月間］を設定し、滞納率低減に管理業界トップクラスの成果をあげています。

● 財産を管理する役割

　マンションを管理するということは、区分所有者の財産をも預かるということです。

　従来、管理業者が自社名義の銀行口座に管理費等を徴収・預金し、そこから管理・修繕等の費用に充てる方式を採用している会社が多く存在していました。倒産した場合、管理業者名義の預金が誰に帰属するかという問題が生じ、裁判沙汰になった例も少なくありませんでした。

　このような事態を避けるためにも、2001年（平成13年）8月に施行された適正化法において、マンション管理業者に対し財産の分別管理が義務づけられたのです。

　財産の管理方法として、国土交通省令では「原則」「支払一任代行方式」「収納代行方式」の3つの方式を定めています。

国土交通省令で定める財産の管理方法

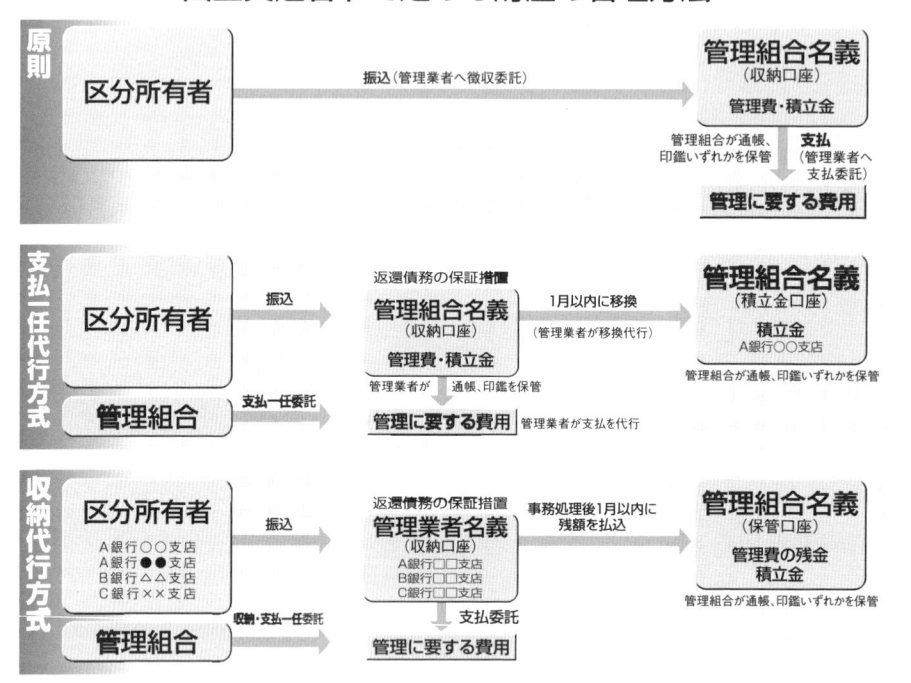

原則

区分所有者 →振込（管理業者へ徴収委託）→ 管理組合名義（収納口座）管理費・積立金
管理組合が通帳、印鑑いずれかを保管
支払（管理業者へ支払委託）
管理に要する費用

支払一任代行方式

区分所有者 →振込→ 管理組合名義（収納口座）管理費・積立金
返還債務の保証措置
管理業者が通帳、印鑑を保管
管理組合 →支払一任委託→
管理に要する費用　管理業者が支払を代行
1月以内に移換（管理業者が移換代行）→ 管理組合名義（積立金口座）積立金　A銀行〇〇支店
管理組合が通帳、印鑑いずれかを保管

収納代行方式

区分所有者（A銀行〇〇支店、A銀行●●支店、B銀行△△支店、C銀行××支店）→振込→ 管理業者名義（収納口座）A銀行□□支店、B銀行□□支店、C銀行□□支店
返還債務の保証措置
管理組合 →収納・支払一任委託→ 支払委託
管理に要する費用
事務処理後1月以内に残額を払込 → 管理組合名義（保管口座）管理費の残金　積立金
管理組合が通帳、印鑑いずれかを保管

　浪速管理では創業当初より、管理組合ごとに口座を開設し、そこに区分所有者からの管理費等を直接収納し、また当該管理組合に係る管理経費をその口座から直接支払いする方式を採用していますので、会社の固有財産および他のマンションの財産とは完全に分別して管理されています。なお収納口座の名義については「管理組合理事長名義」とされており、上表の［収納代行方式］は採用していません。

　また、管理組合の財産保全を行う措置の一環として、高層住宅管理業協会が実施している「管理費等保証制度」に当初から加入し、管理組合から大きな信頼を得ています。

> **管理費等保証制度の概略**
>
> 　1996年（平成8年）から行われている本制度は、適正化法の規定による国土交通大臣からの承認事業となりました。会員である管理会社が、管理組合に対し管理費等の返還債務を負うこととなった場合、その債務を保証する業務を行うことができる制度です。
> 　この保証制度には　①管理会社の経営破綻により管理組合に金銭的被害が発生した場合、被害額をできるだけ軽減すること　②管理業務が長期的に中断しないよう被害を受けた管理組合を支援すること——の2つの目的があります。

③マンションの維持または修繕に関する企画または実施の調整〈基幹事務〉

　基幹事務の3つ目が「共用部分の維持または修繕に関する企画または実施の調整」です。

　具体的には、長期修繕計画案の作成・更新および修繕資金計画案の作成・更新、保守点検等の企画・調整に関する業務などです。

　浪速管理では、他社に先駆けて1977年（昭和52年）から長期修繕計画立案と定期的な見直しに着手しており、建物設備の計画的な工事実施と修繕積立金設定に関する実績は、信頼される管理組合運営の大きな柱になっています。

④理事会・総会支援業務〈基幹事務以外の事務管理業務〉

　理事会支援業務を担当するフロントマンは、管理業務の中軸部門を担う業務部スタッフです。管理会社の窓口として日ごろから管理組合と良好なコミュニケーションをはかり、日常発生するトラブルや諸問題に適切な処理とアドバイスを行います。多岐にわたる管理組合運営を幅広くアシストする重要な補佐業務です。

　理事会に出席して業務報告や懸案事項に対する諸施策の提案を行うのはもちろん、総会開催では準備段階から理事会と密接な連携を保ち、適正な開催をサポートするきめ細かな対応で責務を果たします。

■管理員業務

　マンション管理の第一線に配属された管理員が、管理委託契約書の管理仕様にもとづいて行うのが「管理員業務」です。浪速管理では、2000年（平成12年）に認証取得したISO9001の品質マニュアルにもとづき制定された管理員業務作業手順書に従って、現地業務の品質に差が生じない対応を徹底しています。

①受付業務
　来訪者や居住者との応接をはじめ窓口業務全般を行い、日常生活のスムーズな進行の案内役を担いながら、状況に応じて臨機応変の対処をします。

②点検業務
　建物設備の日常点検（目視）や、照明点滅灯、管球類取替え、警報装置の点検、諸設備の運転状況記録、遊離残留塩素測定などで日常生活の安心を確保します。

③立会業務
　消防設備・電気設備をはじめエレベーター等の専門業者による点検・補修工事には、必要に応じて立会し業務の正当性を確認します。

④報告連絡業務
　管理組合ならびに本社機構への定時および緊急時の適切な報告・連絡とともに、日常業務内容は管理日報に記載し大切な資料として保管・活用します。

⑤管理補助業務
　諸施設の運営補助・防火管理業務補助・未収納金督促業務補助のほか、管理組合とコミュニケーションを保ち理事会・総会等の必要な対応に努めます。

　管理員業務は、管理組合と管理会社の信頼関係を積み重ねていく重要な責務を担っている、いわば"要"の業務ですから、その内容は管理日報等で本社に詳細に報告し、それによって適切なバックアップが行われます。
　また、危機管理体制の一環として管理員には『普通救命講習』の受講を義務づける一方で、毎月定例の管理員研修会やフロントマンによる巡回指導を行い、つねに業務のレベルアップと情報の交流がはかられています。

マンション管理のコア業務

■清掃業務

　清掃業務は、管理員が兼務するマンションと、清掃員や巡回清掃班が行うマンションがあります。業務内容についても、契約のなかでいろいろなパターンで定められますが、管理員業務の場合と同様に、ISOで策定している清掃業務作業手順書にもとづいた作業を徹底。マンションのイメージアップに寄与する清掃整備と美観維持の指導も本社を通じて定期的に行われています。

　さらに、春・秋の年2回の「環境整備月間」の設定をはじめ、学校の夏休みなど長期休暇前の「特別点検」「年末総合点検」など、清掃を含めた環境整備と点検が、四季を通して定期的に実施されています。

■建物設備管理業務

　日常生活の根幹を支える給水ポンプや貯水槽、電気・消防関係の諸設備は、管理員の衛生面や正常な作動確認に視点をおいた日常点検以外に、本社の設備技術スタッフが定期巡回で精密な点検整備を実施。この点検結果も日報にまとめて管理組合に報告し、必要な改善提案を適切に行います。

　また、建物の劣化による事故を未然に防止するため、日常点検と連動して本社の建物技術スタッフが適宜、調査・診断を行い、結果を分析して補修工事の要否や施工方法を提案し、マンションの資産価値向上をサポートします。

■緊急対応業務

　夜間や管理員不在時の共用施設のトラブルは、本社管理センターで即座にキャッチして現地に出動するなど、365日・24時間体制で迅速に対応するほか、揚水ポンプの故障時や停電時などに備えてエンジンポンプを常備し、定期的に給水訓練を実施するなど、緊急出動体制も整えられています。これらの業務は専門業者に再委託する管理会社が大半ですが、浪速管理はすべて自社スタッフで対応しています。

大切な資産を守る！ マンション管理の12ヵ月

時期に応じた
マンション管理の実務

　マンション管理の現場では、管理員が管理組合と管理会社のパイプ役となって日常業務を行います。管理会社の窓口（担当）であるフロントマンは理事会に出席し、月次収支状況の報告をはじめ依頼事項の対応、事業計画推進上の助言や情報提供を行いますが、これらの現地での業務は決して画一的ではありません。
　時期に応じて適切に対処すべき実務のポイントを、浪速管理の管理員研修会の研修テーマから紹介します。

現地で補佐する実務のポイント

　マンション管理業務は一般的に、1年をひとつのサイクルとして実施する［通常業務］と、中長期的な視点で取り組む［計画的業務］、事故など状況に応じて適切な措置が求められる［突発的な業務］の3つに大別されます。

　適正な管理組合運営を行うため、管理組合の業務執行機関である理事会が主体となって、総会の決議や管理規約の定めにもとづき、具体的な年間計画を立て、事業を推進していくことになります。
　理事長は、毎月1回程度の定例理事会を開き、進行状況のチェックや新たな課題の対応を滞りなく処理します。もちろん、必要があれば臨時理事会を開催し、各担当理事の審議決定を受けて、迅速に事業計画を進行させます。

　しかし、大勢の人々が日常生活を営むなかでは、思いがけない事柄やトラブルが発生し、居住者からさまざまな意見や要望が持ち込まれます。諸問題の調整、処理などは、現実にはそれぞれのマンションに応じて幅広い活動が求められるのはいうまでもありません。
　そのため、管理会社は専門的立場から、フロントマンや管理員がマンション管理の現場で運営補佐役を努めるわけです。
　いずれにしても、スムーズな管理組合運営をするには、居住者全員の理解と協力が得られるように、管理員の日常業務での適切できめ細かい対応が不可欠となります。

　そこで、4月から翌年の3月までを会計年度としている管理組合をモデルに、基本となる［通常業務］の実務のポイントや、法的根拠、時節的な配慮が求められる項目を、月ごとに追ってみます。

4月 April

新年度のスタートです！総会開催に向けて周到に準備を進めましょう

■総会開催に向けて

　4月から新会計年度が始まるマンションでは、管理組合の最大イベントである通常総会を5月末までに開催しなければなりません。

　『総会』は、管理組合の中心的かつ最高の意思決定機関ですから、公平・公正・適正に運営されるよう、周到に準備を進める必要があります。区分所有法や各マンションの管理規約の規定にもとづいて実行します。

　（区分所有法で定める「集会」「管理者」「区分所有者」は、標準管理規約では「総会」「理事長」「組合員」と表現しています。）

総会の招集

　総会は、理事長（管理者）が招集します。管理組合法人の場合は、理事がそれを行います。理事長は少なくとも毎年1回総会を招集しなければなりません。これが「通常（定期）総会」です。通常総会の他にも、理事長は、必要があれば理事会の決議を経て「臨時総会」を招集することができます。組合員から総会の招集を求める場合の規定も、別に定められています。

　区分所有法には通常総会の開催時期についての定めはありませんが、標準管理規約では新会計年度開始以後2ヵ月以内と規定しています。それぞれのマンションの管理規約を確認して対応します。

招集の通知

　総会の招集通知は、遅くとも開催日の1週間前までに、議案を示して各区分所有者に発しなければなりません。ただし、管理規約でこの期間を伸縮するこ

とができますが、一般的には標準管理規約に定める「2週間前」（建替え決議のときは2ヵ月前）までと規定しています。

通知には、総会の日時・場所・議案を必ず示す必要があります。さらに特別決議を要する事項が議案となっているときは、具体的な内容も記載しなければなりません。

通知は、区分所有者が届出している宛先に発するのが原則です。通常は当該住戸に通知しますが、賃貸に出されているなど区分所有者が外部に住んでいる場合は「送付指定地」に郵送します。また、通知と同時にマンションの掲示板に開催案内を掲示して周知徹底をはかります。

招集手続きの省略

戸数が少ない小規模マンションでは、区分所有者全員がたまたま集まっている場合、全員の同意が得られれば総会に切り替えることができます。電話連絡等によって全員の同意を得たような場合は、即日総会を開くこともできます。ただ、大規模マンションでは現実的には不可能と思われます。

総会での議決

総会では、区分所有者に事前通知していない事項についての決議はできません。これは、総会に出席しなかった区分所有者に対して不意打ちをかけるような事態を防ぐためです。公平、公正の原則から逸脱するわけです。

議決権は、管理規約に特別な定めがない場合は、専有部分の持分割合となります。しかし、この場合は細かな計算を必要とする煩雑さがあり、専有面積にあまり差がない場合、管理規約で1住戸1議決権と定めることができます。

総会の決議事項には「普通決議事項」と「特別決議事項」の2つがあります。区分所有者の権利関係に重大な影響を及ぼす事項を決めるときは、特別決議が必要になります。例えば、共用部分の変更や管理規約の改正は、区分所有者数および議決権数の「各4分の3以上」の賛成が必要です。マンションの建替えは「各5分の4以上」の賛成が必要な事項です。

大切な資産を守る！　マンション管理の12ヵ月

■総会当日までの流れ

　総会を適正に開催しスムーズに運営するためには、総会当日までのスケジュールを作成し、計画的に準備を進めることが成功のカギです。

総会資料の配布

　総会資料として「開催案内」「入場券・出席状・委任状」「議案書」を1冊にまとめて本社で作成し、必要数を印刷してマンションに送付します。

　管理員は、区分所有者が議案書の内容を事前に把握し、できるだけ全員が議決権を行使できるよう、時間的に余裕をもって配布します。

出席状・委任状・議決権行使書の取り扱いと必要数

　いずれも、出席人数の把握、総会成立の可否および議案内容による必要数、当日の資格審査報告に必要なものです。総会当日までに一覧表を作成して集計し、不足数がないように回収をしておきます。

　必要数は、普通決議の場合、区分所有法上では区分所有者数および議決権数の「各過半数」、標準管理規約では出席組合員の議決権数の「過半数」となっています。特別決議の場合は、議案の内容によって区分所有者数および議決権数の「各4分の3以上」もしくは「各5分の4以上」が必要です。マンションの管理規約を必ず確認して対応します。

※出席状・委任状回収
目標100％！

議決権行使
　区分所有者自身が総会に出席して行うのが原則ですが、代理人や書面によって行使することもできます。「委任状」は代理人に議決権行使を任せるもの、「議決権行使書」は本人が書面で意思を表示するものです。
　なお、管理規約の定めや集会の決議を経れば、電磁的方法（インターネット）による議決権行使も可能になりました。

総会開催までのスケジュール（例）

3月中旬	定例理事会において議案書作成打合せ
4月初旬	総会資料（案）を監査資料とともに理事に提出
4月中旬	定例理事会において総会資料（案）内容検討
4月下旬	監査回答（監事が署名捺印）
↓	総会資料印刷およびマンションに送付
5月初旬	総会資料各戸配布
5月中旬	出席状・委任状の締め切り（⇒集計）
5月○日	総会開催

総会資料の上手なチェック法
○決算報告では、一般会計（通常の維持管理に要する費用）と、修繕積立金会計（計画的、突発的に行う修繕に要する費用）の2つに区分されています。
○前年度の総会で承認された予算額と、実際に支出した決算額を対比して、予算通り実施されているかを確認します。
○管理費等の滞納状況は、資産状況報告書（貸借対照表）の「未収入金」の欄に記載されている金額で確認できます。
○新年度の予算案においては、どのような業務（工事計画等）が予定され、そのための費用がいくら必要なのかをチェックします。

5月 May

管理組合の年1回の最大イベント「総会」の開催です！

■総会の運営

理事長は区分所有法にもとづいて年1回総会を開催し、管理組合の事務報告をする義務があります。

総会の議長は、原則として管理者がなります。管理規約では理事長を管理者としているので、理事長が議長になります。

議事の進行は、議案ごとに採決します。区分所有者の意見を整理し、出席者と委任状等による議決権行使を合わせて適正に議事を決し、総意を正しく反映させるのが議長の役割です。

> **賃借人でも意見陳述ができる**
> 賃借人などの占有者も、マンションの建物や敷地などを使用しているという点で、区分所有者と立場的に何ら変わりません。そのため、占有者の利害に関わる事項を決議する場合には、総会に出席して意見を述べる権利が与えられています。例えば、共用部分の変更などが議題となっているようなときです。ただし、組合員ではないため、総会の決議に加わることはできません。

■総会決議の効力

総会で決まったことは、区分所有者全員にその効力が及ぶほか、占有者（賃借人等）や、区分所有者の特定承継人（中古マンションの購入者等）にも及びます。例えば、ペット飼育禁止と決議された場合、賃借人もその決議に従わなくてはなりません。

決議事項は総会終了後、できるだけ早く区分所有者に通知し、周知徹底をはかります。

■議事録の作成をフォロー

　総会が終わると、議長（理事長）は、区分所有法の規定にもとづいて議事録を作成しなければなりません。実際に作成するのは、書記担当理事もしくは管理業務運営補佐ということで管理会社がフォローします。ただし、作成義務は議長にあります。

　議事録は管理規約と同様に適切に保管し、保管場所は建物内の見やすい場所に掲示しなければなりません。通常は、管理事務所の窓口に掲示しています。

議事録の作成

　議事録には、議事の経過の要領とその結果を記載し、議長および総会に出席した組合員2名が署名押印します。

　議事の経過とは、開会、議題、議案、討論の内容、表決の方法および閉会などのことです。結果については、可決か否決かの結果と同時に、後日のトラブルを回避するために区分所有者総数、議決権総数、出席した区分所有者の議決権数も記載する必要があります。

　議長が議事録を作成しなかったり虚偽の記載をすると、区分所有法により20万円以下の過料に処せられます。

議事録の閲覧

　総会で決めたことは、区分所有者だけでなく、占有者や区分所有者の特定承継人にも効力が及ぶため、区分所有者または利害関係を有する人から書面による申し出があれば、議事録を閲覧させなければなりません。この閲覧の義務も理事長にあります。

　ただし、閲覧については、相当の日時、場所等を指定することができるので、請求があっても即座に対応する必要はありません。誰がどういう目的で閲覧を求めているのかを理事長に届け出て、理事長の了解をとって閲覧に供するということです。

通常総会の進行手順

　総会の適正な開催を補佐するのは管理会社の大きな役割です。以下が通常総会の基本的な進行手順です。

　とくに注意しなければならないのは、本総会中に提案事項以外の採決はできないことです。今後の検討事項として要望を受けるにとどめます。何か問題があれば、質疑が長引くこともありますが、議事の進行はつねにスムーズに行う配慮も必要です。

①開会の挨拶
　出席者に対するお礼、総会の議事進行についての協力要請等が一般的です。
②資格審査報告
　総会が規約にもとづいて適法に開催されることの報告です。
③議長選任
　司会進行者は、規約にもとづく議長として理事長を選任し、以降の議事進行は理事長が行います。
④議長挨拶
　開会の挨拶と同じく、出席者に対するお礼ならびに過去1年間の管理業務等への協力のお礼と、総会のスムーズな進行への協力依頼が一般的です。
⑤書記任命
　総会の議事録作成者として書記任命を行いますが、事前に担当者を決めておき、議長である理事長が任命、会場の承認を得るのが一般的です。
⑥議事録署名人任命
　総会の重要性にともない、書記が作成した議事録が適正に記録されていることの証明を議事録署名人が行います。通常は、理事長および出席組合員2名の合計3名が署名押印することになっています。事前に依頼しておき、議長である理事長が任命、会場の承認を得ます。

⑦議事（一般的な議題は次の通りです）

❶ 第○○期事業報告

❷ 第○○期収支決算報告

　同　監査報告

　収支決算報告の後、監事より監査報告をします。

　引き続き、❶〜❷の議事について質疑を行います。質問を受けるときは、部屋番号、名前を確認すること。質疑が一通り終了したら採決に移ります。採決は挙手によって行うのが一般的です。

❸ 第○○期事業計画（案）承認の件

❹ 第○○期収支予算（案）承認の件

　進行手順はこれまでの議案と同様です。

❺ 新役員改選承認の件

　新役員候補者の名前を読み上げ、採決をとります。

⑧閉会の挨拶

　出席者に対するお礼ならびに総会進行の協力などのお礼と、今後の管理組合活動への協力要請を含めるのが一般的です。

総会の適正な開催とスムーズな進行のために……

○出席状・委任状の回収

　必ず一覧表を作成して回収状況を記載し、遅くとも開催日2日前までには集計をして、総会成立に充足するよう必要数を確保。さらに当日の出席者のチェックを行い、総会終了後は管理事務所で保管します。議案に特別決議事項がある場合は、管理規約を再確認して対応します。

○当日の準備物

　総会資料を忘れて出席する組合員のために予備の総会資料を準備しておきます。議事を記録する文房具類、受付・議長のテーブル表示も忘れずに。

大切な資産を守る！　マンション管理の12ヵ月

6月　June

梅雨・台風に備えてマンションの水まわりを再点検しましょう

■梅雨・台風対策

　この時期は、集中豪雨に見舞われ、思わぬ漏水事故につながることがあります。被害を最小限に抑えるよう早めに適切な対策を行うことが大切です。

　事前の予防措置が大切ですが、どうしても大雨や台風の中での作業をしなければならなくなったときは、危険ですから安全装備をします。

屋上・各階廊下ドレン周り・各所排水枡（会所）の点検、清掃

　雨水排水でとくに注意したいのは、ルーフドレン（屋上の排水口）の周りにゴミや落葉が詰まって排水が悪くなることです。時には屋上一面に雨水が溜まって、住戸への漏水や屋上防水層の劣化を早める原因になります。

　雨水が流れ込む雨水枡には、泥や砂が排水管に流れ込まないようにする「泥溜まり」があります。木の葉などの異物が溜まると詰まりの原因になるので、適時「泥溜まり」の掃除が必要です。

> ○排水目皿の詰まり確認およびゴミ等の清掃実施
> ○各所の排水枡（会所）のゴミ等の詰まりの確認および清掃実施
> ○排水目皿の清掃を居住者に呼びかけ

機械式駐車場設備の排水槽の点検

　地下式の立体駐車場には、雨水を溜める排水槽、その雨水を地上に揚げる排水ポンプが設置されています。排水槽内に異物が入り込むと排水ポンプ故障の原因になります。点検および清掃が大切です。

時期に応じたマンション管理の実務

　一時的に大雨が降った場合、排水槽満水警報が発報することがあります。ピット内の状況を確認したうえで、機械を上げておく等の措置が必要です。

> ○点検および清掃を1人で行うのは危険です。
> 　必ず立駐点検時に行うか、関係者の立会いのもとで行います。

警報関係の誤作動を防ぐ

　各階廊下等に設置されている自動火災報知設備や非常警報設備に雨がかかると誤作動を起こす可能性があります。危険性のある場所に設置されているものには、ビニールをかぶせる等の防水措置をしておきます。

植木・看板関係の固定および移動

　強風に飛ばされた植木や看板が人や車に接触し、思わぬ大事故につながることがあります。事前の強風対策を心がけてください。

> ○植木はロープで固定等の措置、看板類は安全な場所へ移動
> ○金属フェンス・金網類の破損箇所を確認
> ○強風対策を居住者に呼びかけ

万一に備えて水を汲み置く

　停電により給水設備にトラブルが発生すると断水します。万一に備えて飲料水の確保はもちろん、トイレの排水用として浴槽などに溜め水をしておくことも必要です。掲示等で居住者に呼びかけます。

事後の報告

　大雨や台風等が去ったあとは、マンション全体の被害状況の調査・報告を忘れないようにします。事前の準備と事後のフォローが大切です。

7月 July

子どもたちの夏休みが目前です。危険箇所のチェックを怠りなく！

■共用部分の危険箇所チェック

　共用部分での事故防止には、つねに子どもの視点で対応することが重要です。それぞれの箇所ごとに細かく、計画的にチェックをします。
　ただし、マンションによってそれぞれ仕様は異なります。状況に応じて危険箇所の除去と事故防止に努めることが大切です。

①会所・マンホール蓋の破損・設置状況
　　単に破損の有無だけでなく、それが容易に開けられる状態になっていないかもチェックします。
②フェンスの破れ
　　フェンスに破れがないか、とがった部分が出ていないかなどに注意します。
③共用ガラス破損・ヒビ
　　端の部分を見落とさないように、細部まで確認することが大切です。
④屋上出入口の施錠・物品の放置
　　防災との兼ね合いもありますが、屋上出入口は必ず施錠するのが望ましいと思います。小さな子どもがスルッと抜けて出入りできるような隙間がないかもチェックして、可能性があれば対策を講じます。
⑤エレベーター機械室の施錠、物品の放置
⑥受水槽・高置水槽の施錠、物品の放置
⑦ポンプ室の施錠、物品の放置
⑧電気室の施錠、物品の放置
　　これら⑤〜⑧の施錠は当然のことです。室内には物品を置かないようにします。

⑨敷地の陥没箇所

　歩行者がつまずかないか、すべり止め等が破損していないか、といった視点でチェック。居住者がケガをしては大変です。

⑩駐車場等の危険箇所、徐行・遊び禁止の看板

　駐車場内でのボール遊びなどは危険なため、禁止の呼びかけを徹底するとともに、看板等の設置を提案することも必要です。

⑪廊下手すりの破損箇所

　手すりが腐蝕してグラグラしていると非常に危険です。

⑫公園遊具の不具合（ボルトの緩み等）

　周辺施設も含め不具合や危険箇所の有無のチェックを徹底して行います。

⑬照明器具の落下予防点検（目視）

⑭外壁・塔屋看板の落下予防点検（目視）

　⑬、⑭は、巡回するときにたえず目で見て確認します。

⑮グレーチング

　グレーチングというのは溝の蓋のことです。一般的には鉄製のものが使われていますが、これが曲がってガタガタしていないか、端を踏むと落ちてしまう状況がないか等を確認します。

⑯廊下側溝の目皿（詰まり）

　ドレンと呼ばれる部分です。通常は取り外しできるようにボルトで締めてありますが、ボルトのチェックとともに、詰まり等がないか確認します。

⑰バルコニー内の置物［専用使用部分］

　バルコニーは共用部分とはいえ各戸で専用に使われている部分です。日ごろは管理の目の届くところではありませんが、バルコニーに物が置かれていると、幼児がそれを足場にし、手すりによじ登って事故につながる危険性もあります。そうした状況があるところは、当該居住者に直接注意をうながし、さらに掲示物等で呼びかけます。

8月 August

お盆休暇や夏休みで留守家庭が増えます。不在時の防犯意識の啓発に努めます。

■夏の防犯対策

共用部分の防犯対策

共用部分のきちんとした管理は、そのものが防犯に役立ちます。まずは下記の箇所をチェックしましょう。防犯の基本中の基本です。

基本の施錠箇所
- 屋上に通じる場所等の施錠 ●管理事務所の施錠

マンション内の死角に注意
- 荷物を放置しない ●迷惑駐車の取り締まり ●植栽を剪定する
- ミラーを設置する

共用部分を明るく
- 駐車場、駐輪場等の照明増設 ●管理事務所常時点灯

防犯カメラ、センサーライト等の設置
- 各共用部分に防犯カメラ、センサーライトを設置
- 忍び返しの設置 ●エレベーター窓付ドア設置　etc

その他
- 侵入の足場になるような物を置かない ●防犯活動

業務のポイント

死角を作らない！
　防犯対策の基本は、マンション内に死角を作らないことが大切。ミラー設置・照明器具増設・防犯カメラ設置等も一般的になっています。ただ、費用の問題もあるので、気づいた改善点は管理組合に提案をして、検討してもらいます。

専有部分の防犯対策

戸締まりを確実に

　意外と多いのが扉や窓の閉め忘れ。ゴミ出しのわずかな間でも狙われます。戸締まりはつねに確実にするよう注意を呼びかけます。

> 実務のポイント
> ○短時間でも必ず施錠
> ○バルコニー側の窓の施錠
> ○就寝前の施錠確認

鍵の取り替えや主錠のほかに補助錠を取り付ける

　ピッキング対策の効果的な提案をすることも必要です。

> 実務のポイント
> ○不正解錠しにくい鍵への取り替え
> ○補助錠の取り付け
> ○カム送りやサムターン回しの対策器具の設置

隣接同士の相互防犯の励行

　来訪者や不審者を見かけた時は、一声かけると、マンションの防犯機能は高まります。防犯意識を高めるコミュニティ形成は何よりも重要です。

> 実務のポイント
> ○お隣への留守のお願い
> ○不審者への声かけ

その他日常生活全般

　日常生活における防犯面での留意事項を呼びかけることが大切です。「乗り物盗難」防止の注意を促すことも必要です。

> 実務のポイント
> ○置き鍵をしない　○ドアチェーンの活用　○訪問者の確認
> ○長期不在時の新聞停止　○住戸の鍵を紛失した場合の取替え
> ○洗濯物を干したままにしない

■夏季シーズンの注意事項

散水は朝か夕方の涼しい時間帯に

　暑い日が続くこの時期は、植栽の管理にも十分な注意が必要です。

　とくに新規オープンのマンションにおいては、枯木補償は1年間あるものの、植木がきちんと根付くように十分に気をつけなければなりません。

　例えば、散水はただ水を撒けばよいというものではありません。昼の炎天下で散水をすると、せっかくの水が地面の熱でお湯の状態になってしまい、逆に植木を枯らしてしまうことがあります。

　夏季の散水は、日中の暑い時は避けるのが基本です。朝の涼しい時や夕方涼しくなった頃に、たっぷりと水が行き渡るように行うことです。日勤・巡回マンションの場合は、出勤時あるいは退出時に実施するなど、工夫をして散水作業を行うことが大切です。

　マンションの植木には、その木々と一緒に過ごしてきたというような"思い入れ"をもっている居住者が案外、多いものです。他の業務がきちんと行われていても、植木が枯れるようなことがあると、管理全体の評価に悪い影響が出てしまうかもしれません。植栽の手入れも良い住環境を維持する大切な業務のひとつです。

自転車置場の整理を

　学校が夏休みの間は、子どもたちの出入りも増えてきます。自転車置場が乱雑になったり、自転車置場以外の場所に駐輪するケースが往々にしてあります。居住者が自転車につまずいたり、自転車が倒れてケガをしたりしないよう、ふだん以上に自転車置場の整理と事故防止の気配りが必要です。

　とくに階段付近の死角になっている部分に注意して、もし迷惑駐輪があった場合は、適切な対応を行います。

夏の衛生対策

　夏になると、梅雨時の雨水が側溝に溜まっていたり、雑草が放置されて害虫発生の原因になったりします。ゴミ置場もすぐに悪臭を放ちます。こうしたことの対策には居住者全員の協力が必要です。

　夏場の衛生対策については、共用部分の日常清掃だけではカバーしきれない部分があるため、掲示板を有効に利用して協力を求めることが必要です。

　それと同時に、この時期はお盆の帰省をしたり、旅行に出かけたりで、ふだんの月よりマンションにいる人が少なくなります。「マンションの防犯」についても掲示等で注意を喚起します。

ワンポイントコラム　One Point Column

■専用庭から害虫が発生！
　マンション1階の専用庭の草が伸びたままになっていて、そこから害虫が発生し、近隣の部屋から苦情が出ました。当該住戸は長期不在の部屋だったので、管理事務所から区分所有者に連絡をしたところ「管理費を払っているのだから管理員さんがしてください」とのこと。そこで、専用使用している人が必ず対処すべき事項であることを説明して、納得を得ました。

イベント開催の協力

　開放的なこの季節に「夏祭り」や「盆踊り大会」などのイベントを実施する管理組合が多くあります。近所付き合いのきっかけとなり、コミュニティの活性化につながるイベントの開催にあたっては、管理会社、管理員ともに積極的に協力します。

9月 September

大震災の教訓を生かして、マンションの防災を見直そう！

■危機管理体制の整備

　阪神・淡路大震災はマンションの維持管理やコミュニティのあり方に多くの問題を投げかけ、建替えと復旧に関する法律を整備する契機となりました。

　快適な暮らしと、大切な資産を災害から守るには、一人ひとりが事前の備えに万全を期すことはもちろん、マンション全体で対策を講じておくことが大切です。

　9月1日は「防災の日」。過去に起きた震災の教訓を生かして、あらためて管理員としての対応、管理組合の防災の備えをチェックします。

協力体制の確立

　管理会社の危機管理体制の整備は当然ですが、緊急時には携帯電話や固定電話等での連絡がつきにくい状況がおこりかねません。いずれにしても、管理員は指示と状況判断にもとづいて機敏に対応することが必要です。勤務時間外の場合は緊急出動を要するケースも出てきますが、管理会社の真価が問われるのは緊急時の対応です。支障のない限り"本領発揮の場"で日ごろの研修成果を役立ててください。

　なお、非常時の対応については平時から管理組合ときちんと取り決めをして、いざという時に円滑に対応できる協力体制を整えておくことが重要です。

居住者名簿・緊急連絡簿等の整備

　災害時の連絡等のために管理組合として名簿を作成しておくことは必要であり、定期的に新しいデータに更新しておくことも大切です。しかし、個人情報保護の観点からも、外部に情報が流出しないよう管理し、取り扱いに十分注意することは基本的な遵守事項です。

設計図書等の保管確認

　阪神・淡路大震災では、壁にバツ印のようなクラックが大きく入り、鉄筋が露出してしまったマンションがたくさんありました。

　こうして建物や設備が甚大な被害を受けたときは、設計図書等がなければ復旧工事に手間取り、二次災害の発生につながる危険性があります。これらの保管場所を確認しておく必要があります。

　また、いざというときの連絡用に、出入業者の名簿を管理事務所に備えておくことも、緊急対応を迅速に進めるうえで欠かせません。

管理組合としての災害備蓄用品

　最近は、応急措置のための資材や工具、救急用品等の備蓄をする管理組合も多くなったようですが、じつは大震災時に最も必要だったのは、ゆがんだ扉を開ける救助工具類、連絡事項を呼びかけるハンディマイク、非常用トイレなどだったという事案がたくさんありました。これも阪神・淡路大震災の教訓です。

　これを踏まえて、災害時のリスクを軽減させる防災用品の備蓄も必要です。

管理組合としての災害備蓄用品の一例

分類	品名	分類	品名
①避難・施設用品	ヘルメット 軍手 マスク トランジスタメガホン ラジオライト パック毛布	③救急用品	救急箱セット 担架　四ツ折
		④非常用トイレ	トイレテント 折畳便器 組織セット（吸水凝固剤）
②救助工具	災害工具セット（※） 標識ロープ チェーンブロック＋三脚	⑤照明・発電器具	投光機 発電機 コードリール ガソリン缶詰（発電機用）

○これ以外に、非常用飲料水・食料品を、管理組合で備蓄するケースも増えています。
○保管場所として新たに備蓄倉庫を設置される場合は、大きさや設置場所によっては役所との協議等が必要なケースもあります。
○自治体で避難先一覧表や地図等を作成しているところがあります。確認して、入手できれば全戸に配布しておくことも大事です。
　（※）ハンマー・のこぎり・レスキューアッキス・スコップ・ボルトクリッパー・ツルハシ・平バール

10月 October

上半期が終了しました。事業計画の進捗状況をチェックし下半期の準備を！

■上半期収支状況のチェックポイント

　3月決算のマンションでは、9月で管理組合運営の上半期が終了したことになります。この時点はちょうど会計年度の半分ですから、事業計画の進捗状況など費用面での再点検をしておきます。

収入のチェック

　「収入面」では各費目の収入が順調かどうか。管理費や修繕積立金は当然のこと、例えば駐車場などの専用使用料がきちんと計上できているかどうか、確認しておきます。

支出のチェック

　「支出面」では、毎月実施される定期点検等は問題ないと思いますが、消防設備点検、貯水槽点検、雑排水管清掃等についても計画と実施の確認をしておきます。

下半期への予算の点検

　下半期に向けては、今期の予算の点検とともに来期の計画に従った費目の調整・予算組の準備が出てきます。長期修繕計画等を確認しながら下半期に備えます。

■秋の火災予防運動

　「防火管理業務の補助」は管理補助業務のひとつです。消防計画の作成、役員交代時の所定の届出等は注意深く対応すること。また、毎年実施する消防設備点検の報告を、所轄の消防署に提出することも必要です。
　管理会社として注意すべき防火対策は次の通りです。

マンション周辺の燃えやすい物を撤去
　廊下・階段・駐車場・ゴミ置場等に古新聞などの燃えやすい物が放置されていることがないよう、巡回の際には注意して撤去すること。また、ゴミ出しのルールはマンションによって違いますが、状況によっては、当日の朝出すようにすることも必要です。

メールコーナーのチラシやゴミ箱の確認
　各戸の郵便受けがあるメールコーナーの横にゴミ箱を置いているマンションがありますが、防火の観点からはできるだけ置かないことが望ましいでしょう。置いている場合はこまめに中のゴミを処分することが必要です。

バルコニーの障害物の撤去、防火訓練への参加（居住者への呼びかけ）
　バルコニーは緊急時の避難通路となっています。避難の妨げとなる物が置かれていないか注意をうながすと同時に、防火訓練への参加を呼びかけることも大切です。

迷惑駐車の取り締まり
　迷惑駐車は危険です。放火されないように死角をなくす意味と、緊急車両の妨げにならないよう具体的に居住者に注意を呼びかけて、適切に対処します。

消防用設備の操作手順の再確認、火災発生時の対応
　消防用設備の所在や役割について十分に把握し、火災発生時にはスムーズな対応ができるように操作手順を理解しておくことが肝心です。

11月 November

年末を控え、一足先に余裕をもって環境整備と総合点検に着手しよう！

■秋の環境整備と年末総合点検

1年の業務を総点検する気持ちで、きめ細かな点検・整備を実施します。

清掃および環境の整備・点検

①玄関（エントランスホール）
　　○植栽の手入れ　　○床・巾木、天井・壁面、ドア等のガラス清掃
　　○照明器具の清掃　　○掲示板の整理
　　○メールボックスの名札整備、ガラスの危険防止シール貼付

②管理事務所
　　必要書類がファイルにきちんと入り、すぐに取り出せる状態になっているか。管理事務所の整理整頓とあわせて確認します。

③屋上
　　ドレンが詰まっていないか確認。詰まると漏水を起こすことがあります。アスファルト防水の場合、表面が風化により剥がれて屋上の隅に砂が溜まります。放置すると、草がはえたりして防水層を傷めるので適時、清掃します。

④廊下　⑤階段　⑥エレベーター　⑦外周
　　日常清掃で行き届いていない部分がないか点検しながら適切に実施します。

⑧危険箇所
　　12月には学校が冬休みに入ります。公園の遊具・会所・側溝・マンホールの蓋等は、子どもが付近で遊んで危険がないかの視点で注意深く点検すること。危険箇所への出入口（屋上・電気室・ポンプ室等）の鍵の掛け忘れにも要注意です。

建物点検

①屋上
　防水層にヒビ割れやフクレがないか、立上がり部に押え金物のハガレがないかなどについて目視で確認します。

②開放廊下
　天井にクラック（ヒビ割れ）や透水跡がないか、エキスパンション・ジョイント（建物と建物の継ぎ目）がはずれたり、変形していないか等を点検します。

③鉄部塗装全般
　鉄部（扉・手すり等）に錆やチョーキング（白亜化現象：塗膜の分解が原因で触ると白い粉がつく）が発生していないか等を点検します。

④外壁全般
　塔屋・パラペット・妻壁等にクラックや爆裂の発生がないか目視で確認します。

設備点検

①ポンプ室　②受水槽　③高置水槽
　マンションの仕様にもとづいて技術者による設備定期点検が行われますが、こうした機会に一緒に回って確認することも大切です。

防火・防犯関係

　メールボックス付近にチラシが散乱していたり、廊下にダンボールや古新聞が置いてあると、放火される危険があります。また、屋上の施錠を含め、外部から侵入される可能性がないか、内部階段が溜まり場になっていないか等、注意して適切に対応すること。その他、館内や建物周囲の照明のチェックはふだん以上に注意深くすることが大切です。

保管書類の確認

　竣工図、管理規約原本、法定点検の結果報告書、大規模修繕関係書類がきちんと保管されているかも必ず確認しておきます。

12月 December

新年を気持ちよく迎えるために……

■未収納金の督促

　事務管理業務のなかに「管理費等滞納者に対する督促」があります。管理委託契約書では「未収納金を毎月報告する」ことが規定されており、管理会社は月次収支報告書を作成して管理組合に報告することになっています。「未収納金発生当初の督促」として、電話・自宅訪問、督促状等によって行う方法があります。

　こうした督促業務は、いかに金額が少ないうちに処理するかが重要なので、管理員とフロントマンが連絡を密にして取り組む必要があります。とくに、年2回のボーナス時期には「滞納管理費等督促強化月間」として書面による積極的な取り組みを行うことで成果が期待できます。

滞納管理費等督促強化月間（実施上の留意点）

①滞納者の入金状況の確認

　入金の行き違いが起こらないよう、最新の入金状況を確認のうえ督促をすること。とくに、理事会と合意した返済計画により定期的に入金がある場合は、その進捗管理を行うことが肝心です。

②滞納理由の把握と対処

　滞納の原因はさまざまですが、何らかの不満があって滞納している場合は、その不満を解消する対策を講じることにより、未収納金の解決をはかることも可能となります。きちんと滞納理由を把握することが大切です。

③現住所の正確な把握

　外部居住者の現住所は正確に把握し、滞納者が転居するときも移転先を必ず確認しておきます。

■年末年始の留意事項

居住者の皆さんが気持ちよく新年を迎えられるよう、1年の締めくくりをしっかりと行いましょう。

積極的に防犯運動を推進

年末年始の防火・防犯運動を現地管理員が主体的に推進することも大切です。自治会等で実施している場合は積極的に協力をして、放火や盗難の危険性のある場所や物についても再度確認をします。

ゴミ収集日の確認

年末年始のゴミ収集に関しては清掃局に確認し、掲示等で案内すること。

最終収集日や年始最初の収集日が管理員休日と重なっている場合は、新しい年を迎えるにあたりゴミ置場にゴミが散乱している事態はふさわしくないのでフロントマンと相談して、勤務体制の変更等の配慮も時には必要です。なお、実際に変更する場合は理事会への報告も忘れずに。

管理員の年末年始業務体制の案内

管理事務所が休みになるところは「年末・年始のお知らせ」を年末の業務終了後に掲示します。

年始の業務開始心得

年始の業務開始時は、まずマンション内を巡回して、敷地内の異常のチェックを入念にすること。緊急報告を要する事態が発生している場合は、迅速に管理組合およびフロントマンに連絡をすること。12月の業務終了時には、これらのことも心得ておきます。

大切な資産を守る！　マンション管理の12ヵ月

1月　January

フレッシュな気持ちで業務をスタート

■管理員業務の心得

新年は心機一転できる絶好のチャンスです。業務遂行上の心得を再認識し、フレッシュな気持ちで業務に臨みます。

全ての居住者に公平
　管理は「公平」なサービスが大前提。挨拶の励行もサービス業の務めです。
居住者のプライバシーを尊重
　管理員には「守秘義務」があります。口の堅い管理員であることが重要です。
厳正な勤務態度
　「見られている」ことを意識して、きびきびとした態度を続けること。
端正な服装と応接態度
　「身だしなみ」を整え、「言葉づかい」は自然な感じで丁寧さを心がけます。
管理事務所を整理・整頓
　「整理・整頓」をつねに心がけます。
連絡と報告は迅速に・結果も迅速に伝達
　つねに「迅速」にすることが信頼につながります。
管理の主役は管理組合（役員との連絡は密に）
　管理の主役は管理組合。管理会社の立場はあくまでも「黒子役」です。
鍵の保管は確実に
　キーボックスで保管し、「貸し出しの際は書類で対応」すること。
金銭の処理は厳正に
　管理事務所では金銭は取り扱わないのが原則。扱う場合は手順に従います。
地域社会との協調
　マンションの窓口として「善隣関係」を保つのが基本です。

■寒波対策

　水が凍ると体積が1割ほど増し、配管を圧迫して破裂することがあります。寒波が予想される時は掲示等で案内するなど早めに対策を講じ、事故を未然に防げるよう、適切な処置を実施します。

水道メーター・給湯器

　夜間は家庭での水の使用が減るので、水道メーター内の水の流動が少なくなります。加えて、気温が下がり、凍結しやすい状態となります。凍結すると、水道メーター内の歯車や表示面のガラスカバーが破損するおそれがあります。

　給湯器も水道メーター同様に夜間の水の流れがないため、冷たい風の影響で中の水が凍るおそれがあります。凍ったままの状態で点火すると破裂する危険性があるので、点火する時は必ず水を出し、凍っていないのを確認することが大切です。

> **実務のポイント**
> 蛇口から少量の水（1分間に200cc程度）を流すと効果があります。水道メーター用の保護カバーの取り付けも検討してください。

消火栓・散水栓・パイプスペース内の配管

　埋設部分は問題ありませんが、塩ビ管が露出している配管等は破裂するおそれがあります。外部にある消火栓は、前日に雨が降ったりして配管に水滴がつくと、大きな配管でも表面から徐々に凍っていく場合があるので要注意です。

> **実務のポイント**
> 露出している配管には保温材を巻きつけるなどの予防策を講じること。布等を巻いても効果があります。

大切な資産を守る！　マンション管理の12ヵ月

2月　February

今期も残りわずか。積み重ねた成果をきちんと出すためには仕上げが肝心です

■年度末までに実施すべき事項の再チェック

　管理組合の活動は、総会で承認された事業計画にもとづいて行われるものですから、年度末までにやり残したことがないかをこの時期に再確認します。

メンテナンス業務・補修工事関係

　法定点検や定期点検等のメンテナンス業務、補修工事関係については、昨年度の総会資料で事業計画を再チェックし、万一、未実施の場合は、業者に実施予定日を問い合わせるなどのフォローが必要です。

予算案との照合

　各科目を今期の予算案と照合して、予算通りもしくは予算内で実行されているかどうかをチェックします。
　具体的には、駐車場収入に予算不足をきたしている場合は、空状況や管理事務所の対応が報告できるように、また水道料金の収支で予算オーバーをしている場合は、原因およびその対応を報告できるように準備しておく必要があります。

来期予算の概算を掌握

　一方で、来期の予算額が増える科目にも注意しておかなければなりません。
　例えば、法定点検や定例業務等で業者から値上げ要請があるものをきちんと把握しておくこと。理事会で物品購入を予定されているときは、指示に従ってパンフレットや見積もりの手配を行い、概算を把握しておきます。
　また、駐輪場の有料化などで新たに科目が増えるものにも注意が必要です。

■保管書類の確認

　管理に必要な書類をきちんと整理し保管することは、管理員の重要な業務のひとつです。設計図書は適正化法（2001年施行）で管理組合への交付が義務づけられました。次期理事会にスムーズに引継ぎができるように保管書類の確認をしておきます。

管理事務所で保管する重要書類（例）

- ○設計図書（竣工図等を含む）
- ○管理規約原本・使用細則
- ○区分所有者名簿・緊急連絡簿等
- ○駐車場契約書等契約書綴り
- ○備品台帳
- ○管理委託契約書・重要事項説明書
- ○管理日報・設備点検報告書
- ○総会資料
- ○収支報告書・証憑書類
- ○保険関係書類
- ○長期修繕計画書・修繕工事履歴
- ○エレベーター定期検査報告書
- ○消防用設備定期検査報告書
- ○簡易専用水道検査結果書
- ○特殊建築物定期調査報告書
- ○建築設備定期検査報告書
- ○電気工作物定期点検報告書
- ○大規模修繕工事実施マンションについて
  - ・工事請負契約書　・工事代金内訳書（工事見積書）

3月 March

1年の締めくくりをスムーズに行えるように、態勢を整えて踏ん張ろう！

■新年度に向けて準備開始

　いよいよ決算月です。総会は管理組合の最大のイベントであると同時に、管理会社の1年間の業務成果を評価される場でもあります。

　管理費等の未収納金額および件数をできるだけ少なくして総会で良い報告ができるように、滞納者に今一度、声をかけるなど、期末までの回収に努めましょう。

　総会資料の作成には、1年の締めくくりと新年度への引継ぎがスムーズに行えるように、先手必勝の心構えで取り組むことが大切です。

総会資料作成上の注意点

事業報告

　今年度の管理組合活動をまとめたものです。管理員が管理日報から主要な事項を抜粋して原案を作成し、フロントマンが書式を整えて理事会に提出するかたちが一般的です。

決算報告

　本社で原案を作成し、支出項目と領収書の照合を行い理事会に提案します。

> **組合小口会計の報告**
> 　会計理事と再確認を行い、決算に正確に反映されるよう準備しておきます。
> **未払金の確認**
> 　請求書未着の修繕工事などがある場合は、業者に請求書を手配します。期内の支払いが間に合わないときは、未払金として計上しますので金額を確認します。
> **残高証明の手配**
> 　現地もしくは本社で金融機関へ残高証明の手配をします。

予算案

　予算案も基本的には前年度実績を参考にして本社で作成し、最終案は理事会で決定されます。理事会においてもさまざまな角度から検討されますので、計画修繕や特別な指示があれば予算に計上します。また、管理費等の改定や公共料金等の改定があったり、数年に1度実施する法定点検や機器取替えの該当年度になっている場合も適切に対応します。

　現地においても過去の総会資料を参考にして、来期計上の費目や金額の確認を怠らないことが肝心です。

計画修繕の確認

　修繕関係の費用は、工事の内容や規模によって金額がかなり違ってきます。来期の工事が予定されている場合は、フロントマンと連絡を密にして見積もりの手配等をしておかなければなりません。

その他の議案

　主なものとして「修繕積立金改定」「規約変更」等があります。これらは事前に理事会で提案主旨を十分検討したうえで議案化する形になるので、資料もわかりやすく整理して添付します。

　総会では新役員が選任される管理組合も多くあります。任期や改選方法について管理規約で再確認しておき、スムーズな改選をサポートします。

　その他、特別な添付資料が必要なマンションもあるので、状況に応じて早めに準備にとりかかり、総会資料に不備が生じないように対処しておくことが大切です。

引継書類の準備

　任期満了で役員交代となった際に、警察や消防署関係で届け出をする必要が出てくる場合があります。また、理事長が交代するときには預金や保険の名義変更をしなければなりません。

　役員交代にともなう管理組合の運営がスムーズに運ぶようサポートするのも管理会社の大切な仕事です。

総会開催準備の留意点

開催日程の決め方

　総会を休日に開催するマンションが多いのですが、日時が重なって総会運営補佐業務に支障をきたすようなことがあっては、管理会社の大切な役割は果たせません。日程や時間調整については理事会の意向を踏まえながら、フロントマンと打ち合わせを十分に行います。

　通常は、例年のパターンと同じように、「第○週の○曜日」という形で設定するのが一般的です。

開催場所の選び方

　マンション内の集会室で総会を開催する場合はとくに問題はありませんが、外部の会場を借りて開催するときは、事前の空き状況の確認が必要です。

　初めて使用する会場の場合は、収容人数および机・椅子の数、エアコンの有無、時間制限の有無等を確認し、理事会およびフロントマンと事前に打ち合わせをしておきます。マイクやテープレコーダー等も必要に応じて準備します。

総会出席への雰囲気づくり

　マンション管理で一番大切なことは、区分所有者に「総会」に関心をもってもらい、意思決定の過程に1人でも多く参加してもらうことです。日ごろから、総会の重要性をアピールして、できるだけ大勢の組合員に出席してもらえるよう雰囲気づくりに努めます。

■春の環境整備

　今年度の管理員業務の総仕上げとして、環境整備の視点で再点検しておくことも重要です。秋に実施した点検項目と同様に、隅々まで丁寧にチェックして不備な点がないように。何ごとも仕上げが肝心です。

　また、冬から春にかけての今の時期は、植栽の剪定や害虫駆除をする絶好機です。植栽管理を環境整備の一環として取り組み、緑の季節に備えます。

早春季の植栽管理のポイント

〇落葉樹の剪定
　　休眠しているので剪定しやすく、これによる被害も少ない。そのうえ、枝や幹で越冬している害虫も見つけやすく、防除するのに最適です。

〇支柱・竹垣等の点検、補修
　　結束縄等の取り替えも、この時期に済ませておくとあとが楽です。

〇樹木の根元の掃除
　　落葉や枯れ枝は害虫の食痕や病斑をもっているものがほとんどです。春になって病害虫が蔓延しないように、掃き集めて焼却したり、根元を清潔にして地面で越冬する害虫の温床を取り除きます。

〇破れた葉の除去
　　破れている葉っぱを取り除いておくことも忘れずに。

〇薬剤散布
　　植物はまだ休眠状態で新陳代謝が少なく、樹液も濃厚で組織も強固になっているため、薬剤散布を効果的に行うことができます。

〇施肥
　　新しい根を伸ばし、春の芽だしを促す大切な養分補給です。

> **業務のポイント**　愛情を込めた樹木の管理は、潤いと安らぎのある環境づくりにつながります。

建物・設備のメンテナンス

快適なマンションライフを維持する！

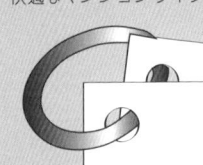

快適なマンションライフを維持する！ 建物・設備のメンテナンス

安心できる
毎日の暮らしのために

　どんな設備や機器類も次第に劣化し、悪条件が重なると故障もします。暮らしに密着した設備ほど機能が停止したときの影響は大きく、たちどころに日常生活に支障をきたします。
　こうしたトラブルの発生を未然に防ぎ、異常を発見したら素早く対処し、安心できるマンションライフの機能が最大限に発揮できるように維持するのが「メンテナンス業務」です。

諸設備の日常点検と維持管理

　マンションには、給水設備・排水設備・電気設備・ガス設備・消防用設備・エレベーター設備など、日常生活を送るうえで欠かせない設備機器が設置されています。これらの設備機器は、人間の体にたとえると心臓や血管にあたるもので、いわば「マンションの生命線」でもあります。健康維持(機能維持)には病気(故障)の治療(修理)も大切ですが、それにもまして病気にならないための健康診断(点検)が重要であるように、設備機器も日ごろから点検や整備をしっかりと行なわなければ、本来の機能を十分に発揮できず、毎日の暮らしの安全性や快適性を維持することはできません。

　とくにその効果は点検・整備の回数に比例して高く、ちょうどホームドクターが定期的に往診してくれるように、一度見ただけではわからないような小さなことでも、つねに設備の状態を把握している担当技術者だからこそ、異常を早期発見できたケースもたくさんあります。
　しかし、マンションの建物設備管理業務に求められるのは、単なる点検・整備や、法律で定められた管理基準のクリアだけではありません。より安心できる暮らしを実現するために、適切な改善提案や長期修繕計画に反映することなども視野に入れる必要があります。

　その意味でも、管理員による日常点検、設備技術者による定期点検、有資格者による法定点検の結果をきちんと分析し、つねにマンションの状況を把握して、柔軟に対応できる管理会社の幅広いメンテナンス能力は、マンション価値を左右するほど重要な要素といえるでしょう。

　管理組合は、点検結果報告書や改善提案の内容を十分にチェックして対応策を検討し、有効な解決方法を決定することが大事です。

■給水設備

マンションの給水システム

　水道の給水方式は、配水管からそのまま給水する「直結式給水方式」と、いったん受水槽に貯めてから給水する「受水槽式方式」があります。

　「直結式給水方式」は、戸建住宅や低層建物に採用されている方式で、自治体の水道局から各戸の蛇口まで水道メーターを経由して直接給水する方式です。
　マンションでは一般的に「受水槽式方式」が採用されてきましたが、近年、上水道管改修整備の進んでいる自治体では、増圧ポンプを利用した「直結増圧給水方式」が認可され、10～15階程度の中高層マンションで採用されています。
　また、築後15年を過ぎた中高層マンションでも給水設備の改修で「直結増圧給水方式」に変更するケースも多くなっています。

給水方式の分類

直結式給水方式

- 直結給水方式：水道局配水管の水圧のみで直接給水する方式
- 直結増圧給水方式：配水管より給水を増圧ポンプを利用して高層階まで給水する方式

受水槽式方式

- 高置水槽方式：一旦受水槽で貯水し、揚水ポンプで高置水槽に揚水し、自然流下で給水する方式
- 加圧ポンプ方式：受水槽で貯水した後、加圧ポンプで高層階まで加圧給水する方式

直結式給水方式

メリット	1．水を貯留させる箇所がなく、また給水系統に開放部分がないため、安全で衛生的な水が直接給水されます。 2．受水槽・高置水槽が不要のため、敷地やスペースの有効利用が図れます。 3．受水槽の定期的な清掃及び受水槽や定水位弁等の保守管理が不要です。 4．配水管の給水圧力を元圧として利用しますので、エネルギーの有効利用ができ、電気代の節約になります。
デメリット	1．水の貯留ができないので、災害時や配水管断水時には、直ちに給水ができなくなります。 2．渇水等に伴う減圧給水時には、水の出が悪くなることがあります。 3．直結増圧給水方式の場合、停電時は配水管元圧での給水となり、中高層までの給水はできなくなります。

受水槽式方式

メリット	1．水槽に水を貯留できるので、災害時等の配水管断水時にもある程度給水を継続できます。 2．高置水槽方式は自然流下で給水する方式ですので、水圧は常に安定しています。
デメリット	1．受水槽・高置水槽の定期的な清掃が必要で、貯留槽の管理が悪いと水質低下を招くことがあります。 2．受水槽・定水位弁の保守管理が必要です。 3．給水系統に開放部分が発生するため、給水に異物が混入する可能性が発生します。

水質の管理は……

　水道水の水質管理については、水道法により水道事業者(自治体の水道局)に対し、水質基準に適合した水を供給することが義務づけられています。水道事業者の責任範囲は、給水管ならびにこれと直結している給水器具によって供給される水までとされています。

　つまり、「直結式」の場合は住戸の蛇口までの水質は水道局に依存しますが、「受水槽式」の場合は受水槽の取り入れ口までが水道局の管理責任の範囲で、それ以降の建物内の水質は所有者の責任となります。

　そのため、給水設備の管理状態によって水道水の質が違ってくるわけで、汚染による思わぬ事故が起きる場合もでてきます。管理組合の共用設備として適切に給水設備を管理しなければ、安心できる水質の維持は保証されません。

簡易専用水道の設置者は……

　受水槽式方式の場合は、マンションの水はいったん水槽に貯めてから給水されるため、水槽内部の衛生管理には十分留意されなければなりません。

　そのため水道法では、マンションなどに設置された水槽で、有効容量が$10m^3$を超えるものを「簡易専用水道」と定め、設置者(マンションの場合は管理組合理事長)に対して、次の事項を義務づけています。

①水槽清掃

　受水槽・高置水槽の清掃を1年に1回、必ず定期的に都道府県知事登録の清掃業者に依頼して実施すること。

②水槽点検

　水槽およびその他の施設の状況を定期的に点検し、有害物や汚水などによる水の汚染防止措置を講じること。

　地震・凍結・大雨などにより給水の水質に影響を及ぼすおそれのあるような事態が生じたときは、速やかに施設の点検を行う必要があります。

③水質管理
　供給水の色・におい・味等により異常を認めたときには、水質基準に関する厚生労働省令に従って必要な項目の検査を行うこと。

④汚染時の措置
　供給水が人の健康を害するおそれがあることを知ったときは、直ちに給水を停止し、その水が危険であることを利用者および所轄保健所や水道局等に通報すること。

　この他にも、地方公共団体の機関または厚生労働大臣の登録を受けた検査機関に依頼し、定期検査を毎年1回受けなければなりません。
　検査のおもな内容は次の通りです。

書類検査
設備の配置・系統および
水槽の図面ならびに、水槽清掃および
その他の管理についての記録等

外観検査
水槽内外の清掃および
施設の適正管理

水質検査
給水栓における臭気・味・色・濁り
および残留塩素の有無等

　このように管理者は法令等に従って、つね日ごろから衛生面に配慮した給水施設の維持管理に努めなければなりません。

● **水道メーターの取り替え**

親メーターの取り替えは水道局が行いますが、各戸メーターは必要に応じて管理組合の責任で取り替えることになります。

水道メーターの有効期間は計量法により8年と定められています。経年劣化にともない流水量を正確に表示しなくなったりすると、マンションの水道料金体系の公平さを崩すことになるので、一斉に取り替えをするのが無難です。

● **水槽清掃の必要性**

水道水にはごく微量の鉄分などが含まれています。これらは衛生的には心配ありませんが、長い間使用していると受水槽などに溜まって水垢となり、赤水の原因となります。そこで、1年に1回はこれらの沈殿物を取り除くための清掃をする必要があります。

清掃は、まず水槽内の水を抜いて高圧や薬品による洗浄を行い、最後に塩素消毒をします。その際、水槽本体にヒビ割れや破損等がないかも、同時に調べます。

いつでも安心して水が使えるように

　安全な水を家庭に届けるために、法律に定められた管理基準に従って給水設備を清潔に保つのは当然です。そして、事故や故障等のトラブルを未然に防ぎ、適切な水圧で確実に給水できるように維持することが大切です。

　毎日の生活に欠かせない水ですから、いつでも安心して使えるように、点検業務の実施にあたっては水質維持と設備点検の両面に細心の注意が必要です。

日常点検と定期点検の作業内容

　給水設備の日常点検として管理員が実施するおもな内容は、水道水の外観検査(色・濁り・におい・味を蛇口からの水で検査)、水槽周りの目視点検と整理・整頓、マンホールの安全管理(危険防止)、ポンプの作動状況の確認等です。

　定期点検では、設備技術者が給水設備の徹底した点検・整備を行います。
　例えば、水槽に亀裂や錆がないか、オーバーフロー管や通気管の防虫網に破れはないか、マンホールの施錠は完全かといった、細部にわたる詳細な点検です。水槽の亀裂をはじめ、防虫網が破れていたり、マンホールのパッキンが傷んでいると、外部から異物や汚水が混入して飲料水が汚染されるおそれがあります。もちろん、残留塩素測定も点検項目のひとつです。
　さらに、断水や水道使用量の異常な増加等で、日常生活に影響を及ぼさないよう、ポンプや制御機器の作動チェックをはじめ、絶縁測定、定水位弁の分解清掃やパッキン等の部品取替えも定期的に実施します。

　技術者による点検結果は報告書に記載して理事長に提出されますので、管理組合の資料として管理事務所に保管しておかなければなりません。

■排水設備

マンションの排水システム

　マンション内の排水設備には、雨水管・汚水管・雑排水管の3種類の排水管のほか、浄化槽などの排水処理施設があります。

　雨水は、バルコニーや屋上の排水口から建物外面に設置されている竪樋を通って、下水または排水溝に流されます。

　汚水(トイレからの排水)や雑排水(台所・洗面所・浴室からの生活排水)など住戸からの排水は、床下にある別々の横枝管を経てパイプスペース内の竪主管を通り、直接公共下水道に放流されるのが一般的です。公共下水道が整備されていない地域では浄化槽を設置して排水処理が行われます。

雑排水管で多い詰まりのトラブル

　マンションのトラブルで多いのは水周りが原因のトラブルです。とくに排水管は汚れや傷みに絶えず気を配っておかないと詰まりが生じ、人間の血管と同じように動脈硬化を起こして、マンション全体が機能不全に陥ります。

　3種類の排水管のなかで、詰まりなどのトラブルが最も多いのは、おもに台所・洗面所・浴室などの油分を含んだ生活排水を流す雑排水管です。

　とくに台所からの排水には脂肪分が多く含まれており、長年使っている間に管の内部に脂肪分がグリス状に付着(スケールといいます)し、排水管の口径をだんだん細くして水の流れを悪くし、小さな異物が流れても簡単に詰まってしまいます。油類は温度変化による影響が大きいため、固体化することがあるので要注意です。

　また、浴室からの排水も、毛髪や垢がトラップや排水管に溜まって詰まりの原因になることがよくあります。

雑排水管清掃は全戸一斉が効果的

　排水管が詰まると、悪臭が発生したり、汚水が逆流したりするばかりでなく、時には漏水事故につながります。そうなると階下の部屋への賠償や復旧工事をめぐって感情のもつれを生じることがあり、経済的負担や、精神的苦痛をともないます。

　こうした詰まりによる事故を予防するには、日常の注意が当然必要ですが、食器類についた油類などはどうしても排水といっしょに流れ込んでしまうため、定期的な排水管の清掃が欠かせません。

　だからといって、各住戸が適当に排水口から市販のパイプクリーナーの薬剤を流し込んでも、薬剤は竪主管までは行きわたらないため、薬剤によってとれたスケールが竪主管で詰まり、逆効果になることがあります。竪主管も含めた雑排水管の清掃を専門業者の手で行わなければ、根本的な解決にはなりません。

　専門業者による雑排水管清掃は、高圧洗浄方式で行われるのがほとんどです。この方式は、高圧ホースの先端に噴射ノズルを取り付け、圧力がかかった水を噴射させて、管の内径に付着している脂肪分や汚れを落します。
　雑排水管清掃は法律では義務づけられてはいませんが、悪臭や詰まりによるトラブルで居住者のみんなが不愉快な思いをしないためにも、定期的に実施する必要があります。その場合、竪主管(共用部分)・横枝管(専用使用部分)とも、マンション全体で一斉に行うことで効果が高まります。

　洗浄作業実施の時期としては、建物の竣工後2～3年後から1年おきに実施されるのが一般的ですが、使用されている配管材料や経年状況によっては、毎年実施することが望ましいでしょう。

■電気設備

自家用電気工作物の維持管理

　高圧受変電設備などの自家用電気工作物が設置されているマンションでは、外部から高圧で送られてきた電気を受変電設備で低圧に変え、さらに動力幹線、電灯幹線を経て各設備へ送電されます。

　自家用電気工作物の維持管理には、電気主任技術者の選任が法律で定められています。一般的には電気保安協会もしくは電気主任技術者がいる専門業者などに委託して管理や修理を行います。

　通常は高圧受変電設備には関係者以外入室できないように施錠していますが、点検等で入室するときは身体や物が機器に触れないよう注意しないと危険です。

　巡回時の日常点検は、施錠確認および内部の異常音、臭気等に気をつけます。また、受変電設備のトラブルは、小動物が原因の事故が多いので、換気扇の隙間やケーブルの外部への出口も注意して見ておきます。

ポンプ室の日常点検

　マンションの動力設備が設置されているポンプ室は、一般的に日光の当らない場所にあり、日ごろから電気が最も嫌う「湿気や水」に注意しないと、漏電事故が起きる心配のある箇所です。

　ポンプ室には給排水設備の動力操作盤があり、各機器により複数のポンプを自動交互に運転し給排水しています。操作盤内には多くの開閉器やリレー等があり、作動状況は設備技術者でなければ一見してどれが良いのか悪いのか判断が難しいため、定期点検時に機器の調整や部品取替えを行って、正常な作動の維持に努めます。

　また、水周り関連のトラブルに備えて各種警報装置が取り付けられていますが、前述の通り室内環境の影響もあって、トラブル発生の原因は機器の不具合だけとは限らないので、日常点検は欠かせません。

したがって、日常点検ではとくに湿気、換気、異物の付着、モーターの不規則回転音、操作盤内の異常振動等に気をつけるとともに、ポンプ室内に水溜りがあると、感電などの危険があるので注意が必要です。

電灯設備とコンセントの日常管理

共用部分には、廊下灯・階段灯・屋外庭園灯などの電灯設備があります。
これらの共用部照明の点灯および消灯、ならびに管球類の取替えは、管理員の点検業務のひとつです。一般的には点灯時間はデイライトとタイマーで制御されていますが、日照条件は夏と冬とでは大きく違いますので、季節によって適切に調整することも当然行うべき作業です。

また、法にもとづいて設置されている非常照明・誘導灯は、照度低下や不点灯に注意して、月に１度程度はテスト用の紐を引いて確認しておきます。

コンセントは共用部分では低い位置に設けられていることが多く、この場合、自転車その他の物品が当って破損すると、内部配線のショートと漏電事故を引き起こすおそれがあります。また、清掃時に水を使用する場合は、コンセント内に水が入らないよう注意して行います。

なお、電気はちょっとの不注意で感電事故を起こす危険性があります。日常点検での取り扱いはつねに慎重に行い、濡れた手や濡れた場所でのスイッチの操作、球替え等は絶対に避けなければなりません。

電気の安全な使用法の啓発は大切です

暮らしに役立つ電化製品も、取り扱いの誤りや設備に欠陥があると、感電、漏電、電気火災などの重大な災害を引き起こすことがあります。
家庭での安全な使用法を定期的にアピールすることも、快適なマンションライフと資産価値を維持するうえでは大切なことといえます。

■ガス設備

ガス配管の資産区分

　公共の道路側に埋設されたガス配管は、ガス会社の資産ですが、マンションの敷地内にあるガス配管は、管理組合の資産です。

　したがって、ガス漏れを止めるといった応急措置を除いて、敷地内のガス配管の改修に必要な費用は管理組合が負担しなければなりません。

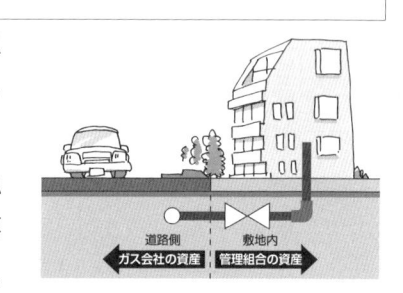

維持管理上の問題点

　ガス配管の維持管理面から、とくに注意を要するのは、地中に埋設された配管の材質によって早めの対策が望まれることです。

　マンションが建設された時期によって、使用されているガス配管の材質も異なります。現在の地中埋設部分の主流となっているのは、耐蝕・耐震性に優れたポリエチレン管(PE管)ですが、古い埋設ガス配管は、土中の水分等の影響で腐蝕が進行し、ガスの漏洩につながるおそれのある配管があります。

　ガス臭が発生した時はだれもが危機感を持つのに、設備としてのガス配管の腐蝕に対する認識は、水道配管にみられる赤水のような具体的な事象がないこともあって、これまではあまり高くありませんでした。

　また、ガス事業法で規定されている定期検査では、埋設配管の腐蝕調査までは義務づけておらず、ガス会社が行うのは3年に1度、地上からガス漏れの有無を検査するだけとなっています。

　ガス漏れやガス爆発は大被害をもたらしかねません。こうした背景を踏まえ、状況に応じて安全対策が適切に講じられるよう補佐業務を行うとともに、事故の未然防止の日常的な注意が必要です。

　ガス機器にはさまざまな安全面の配慮がなされていますが、換気の重要性など安全使用のポイントを掲示等で周知させておくことも適宜必要でしょう。

■換気設備

マンションにおける換気

　マンションの換気設備のうち換気扇・レンジフードは専有部分に設置されていますので、日常の維持管理は各住戸で対応する必要があります。

　一般的に各住戸換気設備の端末にあたる廊下吹き出し口や換気煙道の境界には、防火ダンパーが設けられています。

　防火ダンパーは火災が発生した場合に、温度ヒューズが熔けてダンパーが閉まり、他への延焼を防ぐために取り付けられていますが、温度ヒューズは経年化で作動し、閉まった状態で換気ができていないケースもあります。

　防火ダンパー部分は共用部分にあたりますので、管理組合での定期的な点検・整備が必要です。

　換気扇は経年化に伴い、油分とホコリの付着で換気能力が低下し、浴室や台所でそのまま使用されると給気不足となり、それが原因で重大事故が起きるケースも考えられます。

　また、排気筒に鳥が巣をつくるのを防ぐため金網を取り付けることがありますが、これが遠因となって換気が十分にできないことがありますので、注意しなければなりません。

換気の重要性を踏まえて

　新しいマンションでは、建材や家具から放出されるホルムアルデヒド等の人体への影響が言われており、2003年から24時間換気システムを設置することが義務づけられています。既存のマンションの場合においても、リフォーム時などはとくに換気が重要です。

　換気設備の点検方法としては、換気扇スイッチを入れて、換気扇の吸い込み口にティッシュペーパー等をあて、実際に吸引しているかを確認することが重要です。

　また、専門業者による換気扇の定期的な整備・取り替えも必要です。防火ダンパーについては、10年ごとの各戸温度ヒューズ取り替えが望まれます。

■消防用設備

消防用設備は「安全の見張り番」

　マンションのように大勢の人々が生活し、また出入りしている建物では、ひとたび火災が発生すると大惨事を招きかねません。そのため、消防法や建築基準法では、マンションなど特定の建物に消防用設備の設置と維持管理を義務づけています。

　緊急時に、この消防用設備が確実に、かつ正常に機能することで、大切な生命や財産が守られるのですから、いわば「安全の見張り番」というべきものです。悪戯や誤作動による不具合は即座に解消し、経年化による作動不良は早期に発見して改修しておかなければなりません。万一の事態に備えて、日ごろの点検・整備がとりわけ大切です。

有資格者による年2回の定期点検

　マンションに設置されている消防用設備には、煙感知器・熱感知器・非常ベル等の火災の発生を知らせる警報器や、それを受信・監視する受信盤等の［警報設備］、消火器や連結送水管・消火用水槽などの［消火設備］、また誘導灯・避難ハッチなど火災が発生した場合に安全な場所に避難誘導する［避難設備］があります。

　消防法では、これらの消防用設備がいざというときに機能するよう、防火対象物の建物について消防設備士または消防設備点検資格者に、その状況を点検させ、結果を消防署長等に届け出るよう定めています。

　点検には「機器点検」「総合点検」「耐圧性能試験」があり、それぞれの点検期間は異なります。なお、マンションの場合は通常、3年に1回、点検結果報告書を作成し、消防署に提出しなければなりません。

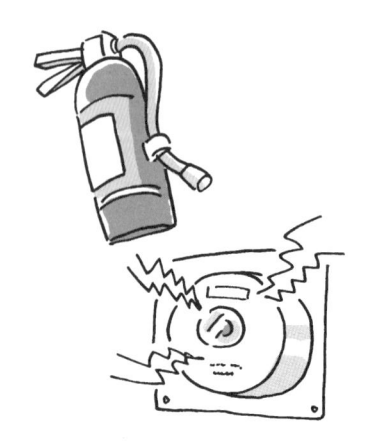

万一の火災から被害を最小限に止めるためには、日常点検にも留意し、機器に不具合が発生したら直ちに適切な対応が必要です。

消防用設備等の点検期間

消防用設備等の種類	点検の内容及び方法	点検の期間
消火器具、消防機関へ通報する火災報知設備、誘導灯、誘導標識、消防用水、非常コンセント設備及び無線通信補助設備	機器点検	6ヵ月
屋内消火栓、スプリンクラー設備、水噴霧消火設備、泡消火設備、不活性ガス消火設備、ハロゲン化物消火設備、粉末消火設備、屋外消火栓設備、動力消防ポンプ設備、自動火災報知設備、ガス漏れ火災警報設備、漏電火災警報設備、非常警報器具及び設備、避難器具、排煙設備、連結散水設備、連結送水管、非常電源（配線の部分を除く）並びに操作盤	機器点検	6ヵ月
	総合点検	1年
配線	総合点検	1年
連結送水管、屋内消火栓ホース（ただし一号消火栓）	耐圧性能試験	10年経過後3年毎

快適なマンションライフを維持する！　建物・設備のメンテナンス

■エレベーター設備

安全性を維持する2つの要素

　マンションの縦の交通機関「エレベーター」の管理は、ハード面とソフト面の2つの要素に分かれます。
　まず、ハード面としては、各機械部品・装置の当初性能を維持することがあげられます。これには機械的・電気的知識を有する専門技術者による定期的な保守が必要となりますので、一般的にはエレベーターメーカーの保守会社と有償契約し、その業務を委託することになります。
　一方、ソフト面としては、管理者(所有者または管理会社)による日ごろの適切な管理、そして利用者への正しい使用法の啓蒙および案内があります。この両面が行われてはじめて、エレベーターの安全性は維持されるのです。

保守契約の種類と内容

　保守契約には、FM(フルメンテナンス)契約と、POG（パーツ・オイル・グリス)契約の2種類があります。いずれの場合も、定期的な保守点検、年1回の建築基準法にもとづく点検の立会い、また、事故やトラブル時での呼び出しに応じるコールバックサービスがありますが、マンションではFM契約が一般的です。
　FM契約では、経年劣化した電気・機械の各部品取替えや修理、その他消耗品補充が契約に含まれており、エレベーターをつねに最良の状態に維持するため、点検・調整・修理・取替え等の整備を行います。契約に含まれないものとして、かご内および各階扉周りの意匠関係の取替え・修理・塗替え等があります。
　エレベーターにはワイヤロープ・管制運転装置・非常止め装置・インターホン装置など安全確保のための装置や、コントロール装置が多く設置されています。これらの精密な装置を正常な状態に維持するため、マ

ンションでは定期的に、エレベーターを停止させて点検・整備を行っていますが、これとは別に年1回、建築基準法第12条にもとづき、調速機試験、非常止め試験および絶縁抵抗測定など安全性能検査を昇降機検査資格者が行います。

日常管理の重要性

　日常的には、正しい使用方法の管理が、安全を確保するうえで重要なポイントとなります。代表的なトラブルである閉じ込め(カン詰)故障の原因も、使用方法の誤り、および維持管理面の不備によるものが多くあります。

　使用方法の誤りでは、子どもがかご内でふざけて飛び跳ねたりするなどのケースがあります。利用する側からみればエレベーターが停止するのだから故障となるわけですが、安全装置そのものは正常に働いて停止したのですから、厳密には故障ではありません。

　管理面の不備によるトラブルでは、扉の敷居溝に砂やゴミが詰まって停止させるケースがあります。これらは清掃が行き届いていれば防止は可能です。清掃作業はエレベーターの各機器の性能維持だけではなく、建物全体のイメージアップにつながり、悪戯防止への心理的効果も生まれる大切な役割を担っている作業といえます。

エレベーターの管理心得

○日常点検では、稼動時の異常音や振動、ドアの開閉状態等に気をつけます。
○日常清掃は、清掃作業手順に従い、床、壁面、ドア溝の各部をモップや洗剤および専用器具を使用して実施します。なお、エレベーターのかごや昇降路内には電気回路があります。水が入ると絶縁不良を生じて故障の原因となることがあるので、注意が必要です。
○トラブルを少なくして、他の利用者にも迷惑がかからないようにするために、取扱要領と注意事項を利用者に正しくPRすることも必要です。

■日常点検のポイントと緊急時の対処法（まとめ）

◎諸設備

　日常点検はおもに外観状況や音・振動等に留意し、異常を感じた場合は速やかな対応が求められます。日ごろから設備の仕組みなど基本知識の習得に努め、状況判断を適切にできるようにしておく必要があります。

○エレベーター
　(ア)扉の溝にゴミが詰まると故障の原因になるので除去する。
　(イ)異常があれば、即エレベーター会社に修理を依頼。
　(ウ)管理番号・電話番号等のシールがはがれていたら直しておく。

○受水槽・高置水槽
　(ア)水槽に亀裂・腐蝕・漏水等がないかを確認する。
　(イ)オーバーフロー管・通気管の防虫網が破れていないか確認する。
　(ウ)マンホール等の施錠および周囲の金網等が破れていないかを確認する。
　(エ)バルブ類は「常時開」か、「常時閉」か、「定期的に切り替え」ているか確認する。

○揚水ポンプ等
　(ア)室内の換気が行われているかを確認しておく。(※換気扇が正常に作動しているか)
　(イ)異常音、熱、異臭、振動等がなく、正常に回転しているかを確認する。
　(ウ)ポンプ室のドアの施錠を確認する。

○消防設備等
　(ア)消防用設備機器に腐蝕・損傷・盗難がないかを確認する。
　(イ)消火器および消火ノズルがあるかどうかを確認する。
　(ウ)消火栓の赤色灯および誘導灯の球切れがないか確認する。
　(エ)消火栓のバルブが完全に閉栓され、水漏れがないか確認する。

○排水桝・汚水桝・雨水桝
　(ア)敷地内の桝に泥、ゴミ等が詰まっていないか点検し、あれば速やかに除去する。
　(イ)マンホールの蓋が破損していたら周囲に危険表示をし、修理・交換を手配する。

◎警報装置

　事故の発生を知らせる警報装置の点検はとくに重要な任務です。万一の場合に正常に機能しなければ、重大な結果を招くことになります。また、機器の誤作動が多いことを理由にスイッチを遮断しておくことは、絶対にあってはなりません。電源が入っているかどうかも巡回時につねに確認することが大切です。なお、警報が鳴った時の対処手順表を管理事務所に貼っておくと役立ちます。

○エレベーターインターホン
　(ア)通報を受けたら、かご内の状況をよく聞く。
　(イ)エレベーター会社に通報。その際、管理番号を伝える。
　(ウ)かご内の人には手配したことを知らせ、不安を解消させるよう話しかける。
○自動火災報知設備
　(ア)表示ランプの区域を確認し、現場確認する。
　(イ)火災の場合は主音響・地区音響を停止させ、消防署に通報し、居住者と連動して初期消火に努める。
　(ウ)誤報の場合は原因を調査し、器具に原因がある場合は修理を依頼する。
○満水警報
　(ア)受水槽………止水栓を閉栓する。
　(イ)高置水槽……揚水ポンプを停止させる。
○減水警報
　(ア)受水槽………バルブの確認または2槽式の場合は切り替える。
　(イ)高置水槽……揚水ポンプを自動から手動に切り替え、受水槽内の水を送水する。高置水槽に満水警報が入るまで送水し、揚水ポンプを自動に切り替える。

※満・減水警報は電気系統のトラブルや結露が原因の場合があるので、まず水槽の水位を確認してから作業にあたること。

快適なマンションライフを維持する！　建物・設備のメンテナンス

建物・敷地内の施設の管理

　マンションの敷地や共用部分である建物周辺には、建物や景観とのバランスを保ちながら、駐車場や駐輪場・ゴミ置場・植栽などが配置されています。
　マンションの美観と資産価値を高め、快適な住環境を維持するためには、建物内部の共用部分と同様に、屋外の施設や環境への気配りが欠かせません。

■駐車場

　駐車場施設は分譲車庫を除きすべて共用施設で、一般的には管理組合との間で駐車場使用契約を締結した区分所有者が使用することができます。しかし、多くのマンションの駐車場は絶対数が不足していることもあり、このことを承知していながら迷惑駐車をする人がいて、どこの管理組合でも共通の悩みになっています。
　迷惑駐車の対応が適切に行われないと、緊急時に消防車や救急車が入れなかったり、通行の妨げになるなど、日常生活に迷惑を及ぼすだけでなく、駐車場契約に対する不公平感を生じさせる要因となることから、管理組合と協力しあって防止策を講じておくことが大切です。

敷地内の安全対策

　交通安全対策は子どもの視点で講じることが最も重要です。管理組合と相談して標示等を設置しておくことも、場合によっては必要です。
　［駐禁標示］駐車違反が多く、他の駐車場契約者に迷惑を及ぼすところ。
　［徐行標示］敷地内交差点。また、子どもの飛び出し等が考えられる場所。
　駐車場の区画線が不鮮明になっているところは、線引きも検討課題です。

迷惑駐車の防止策

　敷地内での迷惑駐車の防止策として、まずは掲示や管理組合広報等で注意を呼びかけ、居住者間のコミュニケーションを密にしてマンション全体で迷惑行為を認めないという意識を共有することが大切です。地道な働きかけの繰り返しで連帯感が生まれ、共同生活の秩序維持につながります。

　しかし、この問題は容易に解決しないのが現実で、最後は迷惑駐車や悪戯をする人の良識・良心に待つほかありません。

　一般的な自衛策は次の通りですが、マンションの形態や立地条件などで方法や効果が変わることは当然です。

迷惑駐車の防止策

①迷惑駐車される場所は物理的に駐車が出来ないように縁石等を設置する。

②規制看板や注意看板を要所に設置する。

③駐車禁止文字やゼブラゾーンを路面に標識する。

④費用はかかるが、チェーンゲートなど契約車しか駐車場に進入できないようにする。

⑤迷惑駐車車両に、警告文をワイパーにはさんで注意を促す。
　ただし、この方法はいたちごっこになることが多く、かなり根気がいる場合があります。

⑥何度も同じ所に迷惑駐車をする悪質者に対しては、より具体的な対策の検討も必要です。

■駐輪場

　駐輪場の不足は、管理組合にとって迷惑駐車問題以上に頭の痛い問題かもしれません。駐輪場からあふれた自転車もさることながら、通路などに乱雑に置かれた自転車や単車は、美観を損なうだけでなく、居住者間の無用なトラブルを招き、災害時の避難を妨げる原因となります。

　とくに、ファミリータイプのマンションは、子どもの成長に従って自転車も次々に購入するので、1戸あたりの所有台数が確実に増え、駐輪場不足はさらに深刻になります。最近のマンションでは、駐輪場スペースが重視され、設計段階から余裕をもって設置されるようになりつつあります。しかし、問題は部外者の自転車や不用自転車がかなりあることです。日常の整理で限界がある場合は、不用自転車の処分を含めた抜本的な解決策を管理組合で検討することが肝心です。

日常の整理整頓

　日常業務では、不用と思われる自転車を移動して整理することが効果的です。そのためには、管理組合と相談して台数調査を行い、所定のシールを貼付するなどの方法で、不用自転車をきちんと把握できることが前提となります。

　また、子供用・大人用・単車に置き場を区画して位置指定すると、混在させて置くよりも多くの台数を整然と並べることができるので、状況に応じて管理組合に提案することが必要です。

現状の解決策

　解決策として「登録制にして有料シールを貼付し、所有自転車を明確にする」「不用自転車をリサイクルして共用化をはかる」などの不用自転車対策を進める一方で、駐輪場増設・ラック施設導入を検討する管理組合が多くなっています。いずれにしても、日常管理においては整理整頓に努めるとともに、利用者のモラルに訴える地道な活動が不可欠です。

■公園・遊具

　児童公園の日常管理は、子どもが遊んで危険がないかの視点で実施します。遊具類についても材質に応じた点検を日ごろから心がけ、安全確保に注意しましょう。周辺のフェンスの破れや立看板類の設置状況も同様です。
　また、敷地に隣接する提供公園や開発公園は、市に帰属している場合が多いのですが、そこで遊んでいるのはマンションの子どもたちがほとんどです。遊具のボルトが緩んでいないかなどふだんから注意し、異常があればすぐに役所などに連絡することが必要です。

■車路・通路・歩道等

　日常清掃は、人や車の通行時に危険がないかに留意して作業にあたります。舗装面に陥没箇所や滑りやすいところがあったり、マンホールの蓋や溝蓋がズレたりガタついていると、怪我や事故のもとになります。簡単に直せない場合は、応急措置をして危険表示を行い、管理組合に対応の検討を依頼します。

■ゴミ置場

　ゴミ置場の整理・洗浄作業は、十分に気配りをしないと近隣にも美観や衛生面で迷惑をかけます。
　しかし、基本的にはゴミ出しのマナーやモラルが大きくかかわることから、居住者の協力がなければ維持管理の難しい問題といえます。
　＜生ゴミは十分に水気を切る＞＜空き缶・空き瓶・ペットボトルは容器をすすぐ＞等、ゴミの出し方を注意したうえで、地域のルールに従ってゴミの分別をきちんと行い、収集日を守って出すことを居住者に徹底し、ゴミ置場はつねに清潔に保つようにしなければなりません。

■植栽

「緑」はマンションの美しい共有財産

　緑あふれる芝生や樹木は、居住者の心に安らぎと潤いをもたらし、マンションの住環境を豊かにしてくれる共有財産です。植栽のもつこの大きな役割を生かすため、季節や成長に応じた計画的な維持管理は業者に委託するのが一般的ですが、同時につね日ごろの手入れも大切な作業です。

　日常の植栽管理は、マンションの美観を維持する清掃業務に位置づけられています。管理委託契約における作業基準では、散水や雑草除去が中心となりますが、手入れのよく行き届いた植栽はマンションのイメージや住み心地を快適にする大きな要素となるだけに、愛情をこめた対応が欠かせません。

　浪速管理では「好きです！花と緑のある暮らし」をキャッチフレーズに受託マンションに無償提供している四季折々の草花の手入れとあわせて、敷地内の緑化推進に積極的に取り組んでおり、植栽管理についてもきめ細かな研修が行われています。

植栽の手入れ

散水	○夏　季／朝か夕方に毎日実施。日中は葉面を焼くおそれがあるため避けます。勤務時間の関係で日中の散水しかできない場合は、地面の温度が下がるまでたっぷりやること。新しく移植した木は根が切れて吸引能力がないため、十分に水をかけることが大切です。 周りがコンクリートの植栽桝で囲まれた所は、せっかくの水が抜けず、根腐れの原因になるので注意が必要です。また、植栽桝よりも土が高くなっている所は、いくら水をかけてもすぐにこぼれるので、1度かけて5cmぐらいしみ込ませてから、徐々に湿らせていきます。 ○春・秋／雨がなく、土壌が乾燥しているときは適時、散水します。 ○冬　季／乾燥が続いている場合は、7〜10日に1度程度、日中に散水する。
除草	○雑草は見つけ次第こまめに除去しておくのが原則ですが、降雨後に行うと作業がずいぶん楽になります。
剪定	○低木で簡単に剪定できるものは、どの時期でも実施できます。 ○落葉樹の剪定は、春先などの休眠期に行うと木が傷まず、落葉しているので不自然な枝などが見分けやすい利点があります。 ○花木の剪定は通常、花が咲き終わって1ヵ月ぐらいを目安に行います。ただ、徒長枝（長く伸びている枝）には花はつかないので、いつ切っても大丈夫です。
施肥	○肥料には遅効性肥料（油粕、魚粕などの有機質肥料）と、速効性肥料（尿素などの化学肥料）があります。遅効性肥料は、花木類は花後に与え、一般の庭木は冬季に寒肥として与えます。ふつうは年1回の寒肥で十分ですが、若木や衰弱木には速効性肥料を、生育期間に追肥として与えます。
害虫駆除	○病害虫の捕殺や薬剤散布は冬の休眠期に行うのが、春以降の被害防止のためには大切です。葉が破れていたり、葉脈だけになっていると、その葉の裏や近くの葉には毛虫がかたまっていますから、その葉を千切るなり、家庭用殺虫剤をかければ、全体に薬をかけなくて済むこともあります。高木の場合は、業者に依頼します。顆粒の薬剤は、降雨後の地面が湿っている時に使用すると効果的です。

業務のポイント
○剪定作業にあたっては、切った枝が通行人や車に当らないように必要に応じて養生を行い、また、事故が起きないよう事前の安全確認が必要です。
○害虫駆除は早めの処置が大切ですが、薬剤散布を行う場合は、事前の案内を徹底して、居住者の協力を得る必要があります。

■建物外観

目視で安全性を確認する日常点検

　巡回時の目視による建物点検は、経年劣化等による変化を継続的に点検し、日常の安全性確保に努めるために行う業務です。

① **屋　　上**……防水層にヒビ割れやフクレがないか、立ち上がり部に押さえ金物の剥がれがないかなどが点検のポイントです。広告塔があるところは、剥がれや落下の危険な状態がないか確認します。

② **開放廊下**……天井にクラック(ヒビ割れ)や透水跡がないか、エキスパンションジョイントのあるマンションは、外れたり変形していないかを注意して点検します。

③ **塗装全般**……扉や手すり等の鉄部に錆やチョーキング(白亜化現象:塗膜の分解が原因で触ると白い粉がつきます)が発生していないか、亀裂や変形がないかなどを点検します。

④ **外壁全般**……塔屋、パラペット、妻壁等にクラックや爆裂が発生していないかを確認します。

防災面で注意すべきポイント

　一般的にマンションでは3年に1度、防災面から建物の安全性をチェックする「特殊建築物定期調査」の実施が義務づけられています。

　建築物の安全性を確保するには、建築時(設計時・竣工時)の公的なチェックだけでなく、完成後の維持管理も重要なウエイトをしめます。防火や避難の施設が、いざというときに役に立たなければ何の意味もありません。

　そこで建築基準法では、一定の規模以上の特殊建築物の所有者や管理者等に維持保全の義務(第8条)を規定するとともに、その点検や診断のために有資格者に定期に調査をさせ、その結果を特定行政庁に報告する制度(第12条)を設けており、マンションもその対象となっています。

　「特殊建築物定期調査」は、いわば防災面を主体にした建物の定期健康診断で

すから、調査結果を日ごろの管理や点検業務に活かすことで一層の良住環境の維持につながります。

これまでに実施された本調査で、問題点として指摘された事項の中でとくに多かった次の3点については、日常業務を通じて居住者に理解と協力を求め、改善に努めることが大切です。

①廊下や階段踊場への自転車の放置

廊下や屋内階段は緊急時の大切な避難通路です。自転車が放置されていると日常の通行の妨げとなるだけでなく、とくに単車は火災時に引火するなど二次災害を起こす可能性もあるので、必ず所定の場所に置いてもらうこと。

②バルコニー隔壁付近の雑品の放置

バルコニーの隔壁（パーテーションボード）付近に雑品を放置すれば、避難時に容易にボードを破ることができず大きな妨げとなります。鉢植えや物干し台を置く場合でも、避難通路として有効な幅員がとれるように配置すること。

③屋内階段室などの防火扉の管理

万が一の火災時に煙や炎を遮断して、安全に地上へ避難できるように設置されている扉です。常時閉鎖式防火扉の場合は、防犯上の理由からクサビ等で開けっ放しの状態にされていることがありますが、常に閉めておかなければなりません。

また、煙感知器などに連動して扉またはシャッターが閉まる構造の常時開放式防火扉においては、扉の前やシャッターの下に物を置かれていることがありますが、撤去し火災時にすぐに閉まるようにしなければなりません。防火扉が閉まってなかったために避難できず大惨事になったケースもあります。日ごろからの防火扉への認識と維持管理をすることも必要です。

快適なマンションライフを維持する！　建物・設備のメンテナンス

マンションの経年化にどのように対処するか

　鉄筋コンクリート造りの堅固なマンションも、歳月とともにさまざまな劣化現象が現れます。放置しておくと劣化はさらに進行し、資産価値の維持はおろか、思わぬ事故の発生にもなりかねません。
　日常のメンテナンスもさることながら、マンションを末永く良好に維持するためには、管理組合と管理会社の信頼関係をベースに、将来を見通した計画的な経年化対策を行うことが重要です。

マンションの経年化にどのように対処するか

建物調査・診断の必要性

　マンションの劣化や老朽化は避けることができません。そのため、定期的なメンテナンスや計画的な補修工事を行って、暮らしの快適性を維持し、事故を未然に防ぎます。それらをタイミングよく実施し、最大の効果をあげるには、日常的な点検とともに、建物の劣化状況を正しく把握する調査・診断が必要になります。マンションにとっては建物の危険信号を素早くキャッチするために欠かせない、大切な健康管理ともいえます。

　もちろん、一口に調査・診断といっても、目的に合わせたいろいろな形態や方法があります。例えば、建築基準法に定められている防災・避難に重点を置いた「特殊建築物定期調査」。建築物の耐震改修の促進に関する法律（1995年12月施行）に規定されている「建物の耐震性能を判断する耐震診断」。「建物に付属する給排水設備等の適切な維持管理に関する診断」。これらは建物や設備の［予防保全］を目的に行われる調査・診断です。

　また、外壁や防水等の改修工事に向けて、実施時期や改修仕様の設定をするために行う建物調査・診断もあります。［改修工事の実施］を目的にマンションの劣化状況を隅々までチェックし、工事の基礎資料を作成するうえで重要な役割を果たします。

　こうした診断のなかから、ここでは居住者に最も身近な外壁改修工事を主目的とした建物の劣化診断について紹介します。
　外壁や防水等の改修工事に向けては、次のようなさまざまな方法で建物の劣化状況を正確に把握します。これらの診断結果にもとづいた補修方法や改修仕様の設定を、改修工事に生かすことになります。

快適なマンションライフを維持する！　建物・設備のメンテナンス

■建物劣化診断の流れ

　外壁改修工事はマンションの長期修繕計画にもとづいて準備されるのが大半です。具体的な事前検討作業のスタートとして「建物劣化診断」が重要な意義をもちます。建物の現状はどうなっているか、改修工事の実施時期は長期修繕計画に予定された時期でよいのか、実施にはどの範囲を、どのような方法で、どのような材料を使用して行えばよいのか……等々を検討する基礎資料になります。

　劣化状態を正確に把握するために、次のような方法で診断を行います。

①問診

　管理員および理事会役員に、過去の不具合、現状の問題点（とくに専有部分や専用使用部分などでの問題）を聞き取り調査するものです。

　例えば、雨が降った後にバルコニーの天井部分から水滴が落ちてきて洗濯物が干せないといったような場合、直上階の床面の防水性能に問題があることが推定されます。

②目視

　通常は屋上・開放廊下・階段など、通行できる部分を主体に見て回ります。バルコニーは、場合によっては抽出での立ち入りや望遠鏡による遠望を行い、防水層の劣化状況、壁・天井面のクラック発生状況、コンクリートの爆裂発生状況、鉄部等の錆の進行状況を把握します。

③打診

　コンクリート壁面を点検用ハンマーでたたき、その打診音でモルタルの浮きの有無や、コンクリート内部の鉄筋腐蝕による表面コンクリートの押し出

し部分を判断するものです。

　モルタルの浮きについては、最近では型枠精度の進歩等でコンクリート打ち放しの上に吹付け塗装を行いますが、細部の整形のため後付けでモルタル仕上げをすることもあり、その部分が経年とともに下地コンクリートから離れることもあります。進行すると落下することも考えられ危険です。

④触診

　塗膜の劣化状況の調査です。吹付けタイルと呼ばれる塗装や鉄部塗装の場合、塗装後しばらくはツヤがあり、表面もツルツルとした状態を保ちますが、経年とともにツヤがなくなり、手で触った時に白い粉がつくようになります(チョーキング現象)。これは塗膜劣化の初期段階の状態です。

⑤既存塗膜密着強度試験

　アタッチメントと呼ばれる鉄製の四角い金物を、壁面の既存塗膜部分に強力な接着剤を用いて貼り付け、それを機械で引っ張り、破断した時の数値によって塗膜がどれくらいの力で下地に密着しているかを調べます。

　外壁を塗り替える場合、既存塗膜の上から新しい塗料を塗るのか、既存塗膜を除去して塗るのか、その判断基準となるものです。

⑥コンクリート中性化視線

　鉄筋コンクリートは鉄筋とコンクリートの複合体で、各々が引張力や圧縮力を負担して堅固な構造体を形成していますが、鉄筋の欠点である錆ることを保護しているのが、コンクリートが持つ強アルカリ性です。

　このアルカリ性も大気中の炭酸ガス等と反応して表面から徐々に中性化し、鉄筋を錆から守ることができなくなります。そのため、コンクリート表面からの中性化深度を測定し、状態に見合った改修方法の検討が必要となるわけです。

快適なマンションライフを維持する！　建物・設備のメンテナンス

改修工事の種類と周期

　マンションの経年化対策をタイムリーに行わないと、大きな不具合が生じ、建物本来の機能を維持できなくなり、資産価値の低下につながります。
　さらに、これと並行して長期的な計画にもとづいた補修や全体的な改修を行うことで、居住性能や資産価値を末永く保ち、マンションでの快適な暮らしを守ることが可能となります。

●いつごろ、どんな工事を？　〈主な修繕項目と修繕周期の目安〉

建築関係	
主な修繕項目	修繕周期の目安
鉄部塗装工事	約5年
内外壁改修工事	約13年
屋上防水工事	約15年

設備関係	
主な修繕項目	修繕周期の目安
TV共聴設備取替	約10年
揚水ポンプ取替	約14年
インターホン設備取替	約15年
照明器具取替	約15年
消防設備改修工事	約20年
給水設備改修工事	約25年
排水設備改修工事	約30年
エレベーター改修工事	約30年

マンションの経年化にどのように対処するか

●マンションの経年化対策

※この周期は概数です。建物の環境・築年数等に
よって異なる場合もあります。

マンション竣工

5年毎 鉄部塗装工事

10年後 TV共聴設備取替

←（建物・設備診断）

13年後 内外壁改修工事

14年後 揚水ポンプ取替

15年後 屋上防水工事／インターホン設備取替／照明器具取替

（建物・設備診断）→

20年後 消防設備改修工事

25年後 給水設備改修工事

（建物・設備診断）

30年後 排水設備改修工事／エレベーター改修工事

快適なマンションライフを維持する！　建物・設備のメンテナンス

長期修繕計画の作成と見直し

　マンションは、鉄骨や鉄筋コンクリートなどを採用した耐久性の高い堅固な建物です。しかし、気候の変化や長年風雨にさらされている間に外壁にヒビ割れが生じたり、鉄部に錆が発生するなどの劣化現象が出てきます。また、機械や設備等も経年とともに次第に故障が多くなるのは、どうしても避けることはできません。

　このような現象をあらかじめ的確に予測し、大規模修繕工事のソフト面をバックアップするのが『長期修繕計画』です。マンションにとって重要な役割を担う長期修繕計画の作成は、適正化法に定める基幹事務のひとつです。

■作成の目的

　マンションを長期にわたり適切な状態に維持していくためには、どのような工事を、いつごろ実施するのが効果的で、概算費用はどれくらいになるのかを把握しておく必要があります。また、それに見合う資金づくりを計画的に行うために、修繕積立金はいくらに設定すべきかについても算出し、修繕工事に対する合意形成が円滑に進められるよう、区分所有者の理解を求めておく必要があります。

　例えば、外壁改修工事のような大規模修繕を実施するには、多額な費用が必要です。資金が十分に貯えられていないと、一時金という形で区分所有者から拠出してもらわねばなりません。そうなると区分所有者全員の合意を得るのはなかなか難しく、安全を確保するための適切な時期での修繕工事の実施がスムーズに運ばなくなるおそれがでてきます。

　また、自然災害による予期しない事態が発生しても、修繕積立金に余裕があれば、修復費用として一時的な流用も可能で、ひとつの安心材料になりえます。

■作成の具体的な流れ

①基礎データの作成

　まず、竣工図面および現地での調査により、修繕すべき箇所の洗い出し、そして数量の算出から始まります。

　鉄部塗替え・外壁改修・屋上防水改修・設備機器取替え等の修繕項目を明確にし、数量がいくらあるのか、面積はどれくらいかを細部にわたって積算し、数量を算出するわけです。この作業は費用把握の基礎となるため、最も重要かつ手間のかかるものです。

　次に劣化状況の把握を行います。これは各修繕工事の実施時期を検討するために必要な作業です。

　新築当初ではとくに必要とされませんが、ある程度経年したマンションの長期修繕計画を作成する際には重要なポイントとなります。修繕の実施時期が目前に迫っている場合、早急に資金手当てをする必要があるからです。

　もうひとつのポイントが修繕周期の設定です。修繕工事には各々必要な修繕サイクルがあり、これを設定するには過去の実績、他の事例、建物を取り巻く自然環境、また効率的な工事の実施タイミング等を考慮する必要があります。

②概算金額の算出

　基礎データができあがると、次に概算金額の算出を行います。工事単価については、現在実施されている実績を基準に決定しますが、修繕仕様の選定を検討する必要があります。

　鉄部の塗り替えにしても、塗装材料のグレードによっては金額に大きな差が生じることがあります。まして、外壁改修工事になるとなおさらです。したがって、修繕の仕様をある程度、明確にしておくことが大切です。

　一般的には、既存仕様を考慮し、現在多く採用されている仕様を基準としています。

③適正な修繕積立金の検討

　最後に、適正な修繕積立金の検討を行います。

　まず、現行の修繕積立金で将来にわたり推移した場合の状況を確認しますが、当初に設定されたままの金額では、外壁改修工事の実施時期にはたいていの場合、資金の不足が生じます。

　それを賄うためには、どれくらいの修繕積立金にすればよいのかを算出し、改定案として修繕積立金の収支予想を行います。

　改定方法も、一度に必要額まで増額する方法や、スライド式に増額する方法があり、それぞれの状況にあった方法を選択する必要があります。

■定期的な見直しが不可欠

　長期修繕計画の策定期間は30年程度を目安に作成されますが、修繕時期を迎えたからといって、必ずその時期に工事を実施しなければならないというわけではありません。

　劣化状況や社会変化、技術の進歩などに対応して、おおむね5年程度を目安に定期的な見直しを行い、つねに現状に即した状態で活用できるようにしておくことが大切です。

マンションの経年化にどのように対処するか

長期修繕計画の作成

竣工図面の確認および現地調査による現状把握
- 修繕すべき箇所の洗い出し
- 数量、面積の算出
- 修繕周期の設定

修繕工事概算金額の算出
- 修繕仕様の選定

修繕積立金の検討
- 収支予想表作成

見直し
↓

マンションの資産価値を高め、快適な暮らしを維持するために『長期修繕計画』が必要です。

各部位に応じた「最適な修繕計画」がマンションの健康と長寿の秘訣です。

修繕計画にもとづいた「適正な資金の積立計画」が、円滑な工事の第一条件です。

快適なマンションライフを維持する！　建物・設備のメンテナンス

大規模修繕工事の上手な進め方

■成功に導くポイント

　大規模改修工事（外壁改修工事等）は多額の費用を必要とするだけでなく、工事期間が長期にわたり、しかも居住者の協力なくしては工事がスムーズに進みません。マンションの修繕工事のなかでも最も大変な工事です。
　工事を長期的にみた場合の一般的な流れは、長期修繕計画の作成から始まります。前述の通り、この工事には多額の費用を要するため、その準備ができていないと工事がタイムリーに実施できないことがあります。したがって長期修繕計画にもとづく適切な修繕費用の積み立てが必要となります。

　具体的な検討に入るのは通常、工事施工を予定する年の1～2年前から着手します。まず建物の現状把握の調査を行い、その結果にもとづいて工事範囲、施工方法、使用材料を設定。それらをもとに見積仕様書を作成します。塗料や防水材料は、目標や目的によって適切に選択する必要があります。
　その後、見積仕様書にもとづいて複数の業者に見積依頼をします。業者選定では、マンションの外壁改修工事の実績が豊富にあること、十分な技術力があることなど「信頼」に重点を置くのが賢明です。マンションの外壁改修工事は居住者が日常生活を営んでいる中で進めていくわけですから、居住者の協力なしでは成り立ちません。そのため、こうしたことに十分な配慮ができる業者、または慣れている業者でないと円満に運ばない現状があるからです。
　続いて、各々の業者から提出された見積書をもとに、費用は修繕積立金の範囲に収まるか、仮設方法はどうか、安全対策は十分か、管理体制はどうか、などを直接、業者から話を聞く機会を設けて、慎重に検討を行ったうえで施工業者を内定します。その後、管理組合総会に提案し、工事実施・修繕積立金取り崩し等の承認を得た後、いよいよ契約・着工へと進みます。

マンションの経年化にどのように対処するか

| 大規模修繕工事に必要な作業 |

①立　案　　○長期修繕計画作成
　　　　　　「マンションの現在の劣化状況は？」「修繕積立金の額は？」タイミングを逃がさない工事のために、見直し作業も欠かせません。

②調　査　　○建物劣化診断
　　　　　　劣化状況を正しく把握するには定期的な建物診断が必要です。大規模修繕工事実施にあたっては、コンクリート中性化試験・既存塗膜密着強度試験などの綿密な調査を行い、工法や使用材料の決定に役立てます。

③作　成　　○共通仕様書作成
　　　　　　依頼した見積もりの内容が統一されていないと業者選定の適正な比較検討ができません。共通仕様書を作成し、施工範囲・施工方法・使用材料など判断基準をあらかじめ決めておきます。
　　　　　　○統一見積書式作成
　　　　　　工事発注でいちばん気になるのは何といっても工事金額です。対象部位・数量などを明記した統一見積書式は、適正価格の見極めにも不可欠です。

④着　工　　○工事監理
　　　　　　工事の各工程が仕様通りに実施されていなければ、不完全なまま竣工を迎え、同様の劣化が再発するケースがあります。工事全体を専門家の厳しい目でチェックするのが工事監理です。

■外壁改修工事の流れ

①共通仮設工事
　仮設事務所・仮設倉庫の設置、電気・電話などの諸設備の設置等々、長期にわたる工事を進めるための準備からスタートします。

②直接仮設工事
　実際に作業を行うために必要な仮設足場の設置で、組立足場（枠組・単管）・ゴンドラ足場に大別されます。工事を円滑に、かつ出来ばえよく仕上げるためには安全対策に配慮し、建物に適合した仮設方法を選定することが大切です。

③下地補修工事
　クラック（ヒビ割れ）・鉄筋爆裂・欠損・モルタルの浮きなど、さまざまな劣化現象を塗装前に補修するのがこの工事で、外壁改修工事では重要なポイントになります。

④シーリング工事
　窓や扉の枠とコンクリートの接続部や外壁の打継目地等に、弾力性をもった樹脂を線状に施工し、雨水などの浸入を防ぐものです。この工事も確実性が要求されます。おろそかにすると、室内への漏水など思わぬ事故につながることがあります。

⑤塗装工事
　塗装工事は美観の回復が重視されがちですが、建物の保護という大きな目的を持っています。屋上部分のように日射しや風雨の影響を直接うける場所と、エントランスホールのような室内とでは劣化の進行にも差があり、目にふれる頻度も違ってくるため、適材適所に塗料を使い分けるのが一般的です。

⑥防水工事
　劣化の状況により要否が決定されますが、バルコニーの床については、仮設費用の重複を考慮して、外壁改修工事と同時施工されるケースが多いようです。工法は種々のものがありますが、塗膜防水が多く採用されています。

　以上でひと通りの工事が終わり、足場等仮設の解体を行って竣工となります。

■工事監理の重要性

　外壁改修工事も、各作業工程が適切な方法で実施されないと、多額の費用をかけたのに、不完全なまま竣工を迎え、同じ不具合がすぐに再発しかねません。下地処理が不備だったばかりに、折角の工事がわずか1年で劣化再発というケースでも、竣工時の外観は完全な工事とほとんど変わりません。
　そこで大切なのが、良質な業者の選定と同時に、工事全体を専門的な目でチェックする『工事監理』です。

　例えば、下地補修工事にしても、クラックの幅によって処置方法が異なってきます。鉄筋爆裂の処理も4～5工程の作業があり、指定された材料で確実に工程を踏んで施工する必要があります。
　塗装工事も、適材適所に設定された塗料を、定められた塗り重ね回数通りに、また必要な塗膜厚さを確保して塗装しないと、塗料が本来もっている性能を発揮できません。
　そのため、工事の不備を見逃さないように、管理組合の代行者として進行状況と仕様通りに行われているかをチェックし、適切なアドバイスと工程ごとの検査などを行う専門技術者の厳しい目が必要になってくるわけです。

　そして『工事監理』の総仕上げともいうべき重要な作業が、報告書の作成です。工事完了時には、進捗状況ならびに指摘事項・打合せ事項を書類化した工事監理日報、および各工程の検査結果が報告書として作成され、着工から竣工までの記録写真集を添えて管理組合に提出されるのが一般的です。この資料は将来の経年化対策の資料として活かせる大きなメリットがあります。

快適なマンションライフを維持する！　建物・設備のメンテナンス

資産価値と居住性のグレードアップ

■居住者の高齢化に備えて

　マンションをいつまでも、どの世代にも、快適な住まいとして維持するためには、さまざまな変化に適切に対応していくことが大切です。
　居住者の高齢化に配慮した対応もそのひとつ。いまや国家的課題といわれる高齢化問題は、どこのマンションでも直面する重要なテーマです。
　自分たちの将来ときちんと向き合って解決法を整理し、十分に対策を講じておくことが望まれます。

永住意識が高まるなかで

　急速に高齢化の路をたどっている日本では、65歳以上の高齢者の単身または夫婦のみの世帯が、10年後には人口の25％を超えると予測されています。
　住宅形態の主流として、いまや1200万人が居住するマンションでも、すでにその傾向が顕著にあらわれており、国交省の平成15年度マンション総合調査では、世帯主の年齢は「50歳代以上」の割合が全体の約60％。マンションを"終の棲家"と考える永住意識も半数近くに達し、高齢化の波が確実に押し寄せてきています。
　居住者の高齢化にともない、マンションでは一般的に次のような障害が生じます。まず、体力が衰えて階段の上り下りが困難になったり、わずかな段差が歩行の妨げとなるなど、ハード面において日常生活に支障をきたす要因が増えてきます。また、円滑な組合運営には多大なエネルギーを要するため、役員の人材不足が生じ、コミュニティ活動にも消極的になるなど、ソフト面への影響も否めません。
　さらに、マンションの老朽化が同時に進行するなかで、負担感の大きい建替えや大規模修繕のコンセンサスを得にくい状況を招いたり、若い世帯との世代間格差による対立が組合運営に影響を及ぼす可能性もあります。

バリアフリー化は優先課題

　ただ、居住者の高齢化対策は本来、みんながマンションに住み続けるための基本条件を整備することが目的ですから、日常生活の障害となる不便や不安を、できるかぎり取り除いていく工夫や配慮が優先課題として求められます。

　現状での具体的な解決策として、ハード面ではエントランスにスロープを設置したり、廊下・階段に手すりや防滑材料を取り付けるなどの代表的なバリアフリー化をはじめ、福祉用エレベーターの設置等々がありますが、多額の出費を要する場合は十分な議論が必要です。

　このような建築的配慮を支援するため、2003年に改正された「高齢者、身体障害者等が円滑に利用できる特定建築物の建築の促進に関する法律」(通称「ハートビル法」)には、共同住宅も適用範囲に加えられました。各自治体でもバリアフリーに関する建築マニュアルの作成や、福祉改修工事の補助金制度を設けるなど、さまざまな対策を講じていますので、活用するとよいでしょう。

　一方、ソフト面においては、標準管理規約で「地域コミュニティにも配慮した居住者間のコミュニティ形成」が、管理組合の業務のひとつに位置づけられています。

　例えば、持病の発作など緊急時の対応や、外部からの侵入者の防犯対策に配慮するとともに、高齢者の豊富な知識と経験を生かしてもらう機会をつくり、コミュニティ活性化をはかる工夫も大切です。

■安全対策に配慮して

　マンションのグレードアップを考えるとき、あわせて安全対策を充実させることはたいへん重要です。

　例えば、インターホンシステムひとつをとっても、時代とともに機能性の高い設備に進化しており、防犯機能や利便性は大幅に向上しています。マンションの資産価値と快適な居住性を維持するためには、時代に即した機能を積極的に取り入れて、設備や環境の改善とグレードアップをはかることが望まれます。

4 損害保険の加入と個人情報の保護

リスクに備える！

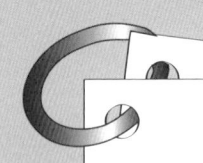

リスクに備える！　損害保険の加入と個人情報の保護

共用部分に必要な損害保険

　共用部分の損害保険契約をすることは、共用部分の管理に関する重要な事項です。マンションの良好な住環境を維持していくためには、万一の事故や不測の事態が発生しても、原状回復や損害賠償に必要な資金調達などに支障をきたさないように備えておくことが不可欠だからです。管理組合には、実態にあわせた有効な損害保険の活用が、セキュリティ面から求められています。

共用部分に必要な損害保険

損害保険の種類と内容

　共用部分に関する損害保険の種類は、[損害を受けた場合] と [損害を与えた場合] の2つに大別されます。

■共用部分が損害を受けた場合の保険

①火災保険
　　共用部分建物・付属施設・付属設備が対象です。

掛捨型	専用住宅の場合	住宅火災保険、住宅総合保険
	併用住宅の場合	普通火災保険、店舗総合保険
積立型	積立マンション総合保険	

　住戸のみのマンション（専用住宅）には、「住宅火災保険」または「住宅総合保険」をかけます。住戸のほかに店舗や事務所のあるマンション（併用住宅）には、「普通火災保険」または「店舗総合保険」をかけます。ただし、併用住宅でも、住居専用部分の延床面積がマンション総延床面積の70％以上の場合は、「住宅火災保険」または「住宅総合保険」をかけることができます。

　住宅火災保険と住宅総合保険では、住宅総合保険の方が補償内容が広くなっています（例えば、建物外部からの物体の飛来・落下・衝突、水濡れ損害等も補償）。

　「積立マンション総合保険」は、修繕積立金を保険料に充当し、修繕資金づくりを計画的に行うとともに、共用部分におけるさまざまな災害による損害が幅広く補償されます（「住宅総合保険」とほぼ同様の補償内容です）。

リスクに備える！　損害保険の加入と個人情報の保護

　共用部分に係る火災保険は、近年、各損害保険会社から新たなオリジナル商品が発売されています。従来の商品より補償内容が充実している場合は、管理組合のメリットを考慮して、新商品に切り替える検討も望まれます。

火災保険のおもな補償内容比較

（○印⇒補償対象、△印⇒特約で対応可能、×印⇒補償対象外）

補償内容 \ 保険種類	従来の積立型総合保険	住宅火災保険	マンション管理組合総合保険(※)
火災、落雷、破裂、爆発	○	○	○
風、ひょう、雪害	○	△ 20万以上の損害	○
外部からの物体の飛来等	○	×	○
破損、汚損	×	×	○
水濡れ原因調査費用	×	×	○
騒じょう、労働争議	○	×	○
地震、噴火、津波	× 地震保険契約可能	× 地震保険契約可能	× 地震保険契約可能
盗難	×	×	○ 共用動産
臨時費用	○	○	△
残存物取片付け費用	○	○	○
失火見舞費用	×	○	○
地震火災費用	×	○	×
損害防止費用	○	○	○

※参考　『マンション管理組合総合保険』（あいおい損保）

　「マンション管理組合総合保険」は、管理組合や管理会社へのヒアリングをもとに開発された新型総合保険で、ほとんどのニーズを取り入れた幅広いカバー力が特徴です。なかでも、①従来の総合保険の補償に加えて「破損・汚損事故」も補償される　②「水濡れ原因調査費用」も補償されることから、本保険に切り替えた管理組合から高く評価されている保険です。積立型、掛捨型の選択もできます。

共用部分に必要な損害保険

> **比較のポイント**
>
> ○マンション管理組合総合保険では1万円未満の損害はすべて免責となりますが、1万円を超える損害についてはその実費が補償されます。住宅火災保険では台風などの風災でパーテーションボードが破損した場合、免責金額が20万円と高いことから、同じ被害内容でも損害額によって保険適用の有無に違いが生じます。万全の備えを考えると、この差はなかなか大きいものです。
>
> ○マンションで最も多いのは「水漏れ事故」です。そのため、水周り事故に関わる補償は外せません。とくに重視したいのは、漏水事故がどこから発生しているのか調査するために支出した費用が支払われる「水濡れ原因調査費用」の補償です。原因箇所を特定するため、専有部分の床をめくったり、その復旧に要する調査費用は意外と高額になることが多く、加入者には大きなメリットですが、住宅火災保険、住宅総合保険ではこの部分の補償はありません。こうした点も損害保険を比較するうえで大切なポイントとなります。

②動産総合保険

特殊設備（防犯カメラ・駐車場オートゲート等）を対象として契約します。[※1]

③ガラス保険

通常、高価な1枚ガラスを対象としますが、建物全体を対象にすることも可能です。[※2]（マンション管理組合総合保険は、※1、2の補償がともに包括されます）

④地震保険

地震・噴火、またはこれらによる津波が原因で発生した建物の損害が補償される保険です。

共用部分に対する地震保険については、現状では付保率が低いといわれています。保険金の支払い方式は全損・半損・一部損の3パターンで、地震保険金額の限度額の問題等もあり、高い保険料をかけて入っても、マンションが完全に直せるような形にはなりえないからです。

ただ、専有部分の家財に地震保険を付保するのはメリットがあります。阪神・淡路大震災のときには建物に損害がなければ保険の対象にはなりませんでしたが、現在は家財自体の損害で対応判断できるようになりました。

リスクに備える！　損害保険の加入と個人情報の保護

■共用部分が損害を与えた場合の保険

①施設賠償責任保険、昇降機賠償責任保険

　共用部分・共用設備の欠陥や不備が原因で、居住者や来訪者等の他人にケガをさせたり、それらの他人のものを壊したりして法律上の賠償責任を負う場合に管理組合がこうむる損害が補償されるので、必ず加入しておく必要があります。

[補償内容]
○対人事故／ケガをした人の治療費・入院費・休業損害・慰謝料・通院に要する交通費等
○対物事故／損害を受けた物の修理・復旧費用
○そ の 他／万一、被害者側と訴訟になった場合、保険会社が同意する金額の弁護士費用等の訴訟費用
※エレベーターに関しては、別途、昇降機賠償責任保険をかける必要があります。

[免責事項]
　故意、他人から借りている物への損害、屋根・壁・通風孔・窓等から浸入した雨や雪による財物への損害等
※エレベーターに関しては、故意・重過失・法令違反に起因する事故およびエレベーターの修理・改造・取外し等の工事に起因する事故等

②個人賠償責任保険（マンションの共用部分が対象ではありません）

　住戸の所有・使用・管理中の偶然の事故、個人の日常生活において生じる偶然の事故によって、他人にケガをさせたり、他人の物を壊したりして法律上の賠償責任を負う場合に、個人がこうむる損害が補償されます。
　基本的には居住者がそれぞれ契約すべき保険ですが、マンション全体のリスクととらえて管理組合が一括して加入するところが多くなっています。事故原因が専有部分か共用部分かが判明せずトラブルになったときに、施設賠償責任保険の加入および、個人賠償責任保険の全戸加入があれば、被害者救済がよりスムーズにできるようになります。

個人賠償責任保険の必要性

水漏れ事故に備えて

　水漏れ事故はマンションではよくある事故ですが、なかには無保険のため多額の負担をせざるを得ない状況も目にします。

　温水器や洗濯機の排水ホースから水漏れを起こし、階下に迷惑をかけても、専有部分の設備による事故は、「個人賠償責任保険」をかけていないと、保険での対応はできません。とくに温水器の水漏れ事故は深夜に発生して被害が拡大するケースが大半です。居住者への情報提供とともに、管理組合で個人賠償責任保険一括加入と、居住者に対する家財の火災保険の加入をお勧めします。

　なお、漏水事故は必ずしも上階住戸からとは限りません。共用部分に原因がある場合は、管理組合で加入している施設賠償責任保険で弁済されます。

見えない部分でも責任が

　洗面所の給水管で床下の配管が立ち上がった部分に亀裂が入って漏水事故が起きるケースが、経年化とともに出てきています。ただ、見えない部分だから個人の管理責任の範疇ではないということは通用しません。基本的に、専用に供している配管はすべて専有部分ですから、その意味でも個人賠償責任保険は必要だと思います。

　なお、専用に供している配管についても、共用部分にあるものは共用部分であると標準管理規約は定めているなど、現実には判断が難しい場合があります。施設賠償責任保険で対応できるケースもあるので、事故の際は確認が必要です。

家財の火災保険も忘れずに

　マンション火災の場合、類焼の被害より消火活動時の水による被害のほうが実質的には大きく、3フロア下まで被害が及んだケースもあります。その場合、建物は当然ですが、階下の人が家財保険に入っていなければ家財の再調達費用は出てきません。

　日本では「失火法」により、重過失でなければ基本的には弁償しなくてよいという規定になっています。いくら火災を出さないように気をつけていても、上階から火災が発生して自分が被害者になることもあります。自分のものは自分で守るしかないわけです。

リスクに備える！　損害保険の加入と個人情報の保護

共用部分損害保険の適用事例

損害保険適用の可否および注意点等について、実際に起きた事故をもとに見ていきましょう。

ケース1　漏水事故

　Aマンション706号室のパイプスペース内雑排水管竪管と枝管ジョイント部が亀裂し水漏れが発生。階下に漏水し、606号室のトイレ・洗面所・廊下の天井・壁面・床面、および506号室の天井・壁面部に水濡れによる損害を与えた。

　本漏水事故の原因箇所が共用部分であることから［加害者］＝管理組合、［被害者］＝606号室および506号室となります。

　この場合、管理組合が［施設賠償責任保険］（漏水担保特約付）に加入していれば、本保険により606号室・506号室の室内復旧工事費用が補償されます。

実務のポイント

○竪管（共用管）と枝管（専用管）のジョイント部は、共用部分と考えるのが一般的です。
○漏水事故の原因箇所（ジョイント部）復旧費用は、保険の適用外となります。なお、原因箇所の調査費用については、マンション管理組合総合保険に加入していると、保険金が支払われます。
○606号室および506号室の室内復旧は、原状復帰が原則です。
　したがって、クロス・カーペット等は同等品による修理となります。ただし、壁面については、被害が4面のうち1面の場合であったとしても、極端な色違いが起こるなどの特別な理由がある場合は、それらも考慮して保険会社で査定されることがあります。

ケース2 漏水事故

　Bマンション504号室の風呂の給水枝管が亀裂し、水漏れが発生。階下に漏水し、404号室の風呂および洗面所の天井に損害を与えた。

　本漏水事故の原因箇所が専有部分であることから、[加害者] ＝504号室、[被害者] ＝404号室となります。

　この場合、管理組合が全戸一括して［個人賠償責任保険］に加入しているか、504号室の人が個人的に［個人賠償責任保険］に加入していれば、本保険により404号室の洗面所天井の修理費用が補償されます。

○枝管は専有部分となります（給水管の場合、水道メーターより室内側は専有部）。しかし、枝管がスラブに埋設されている場合は、通常、管理規約により共用部分とされるので注意してください。
○一般的に、風呂はユニットバスとなっているので、漏水事故があった場合は、清掃にて対処します。
○また、コンクリートが濡れた場合は、汚水によるケースを除き、乾けば被害なしとみなされます。

ケース3 漏水事故

　Cマンション屋上防水の劣化が原因で、雨漏りが発生。最上階1002号室のリビングおよび和室の天井に損害を与えた。

　本漏水事故の原因箇所が共用部分であることから、[加害者] ＝管理組合、[被害者] ＝1002号室となります。

　この場合、施設賠償責任保険で補償されると思われがちですが、本事故の状況が免責事項となるため、保険の適用はありません。

　したがって、屋上防水劣化箇所の修理費用はもちろん、1002号室リビング・和室天井の修理費用も管理組合の費用負担で行う必要があります。

リスクに備える！　損害保険の加入と個人情報の保護

> 業務のポイント
> ○施設賠償責任保険では、屋上からの雨漏り以外に、屋根・扉・通風孔等から入る雨または雪等により財物に与えた損害は、免責となります。
> ○通常、屋上防水は施工後10年間は材料メーカー、施工業者により施工保証されています。本ケースと同様の事故が起きた場合は、まず、フロントマンに連絡することです。

ケース4　火災事故

　Dマンション201号室で、タバコの不始末による火災が発生。201号室内のほか、バルコニー付近の外壁、手すりなどが焼損した。

　管理組合が加入している［火災保険］（保険の種類は問わない）で焼損部分（共用部分のみ）の清掃・塗装等の復旧費用が補償されます。

> 業務のポイント
> ○このようなケースでは201号室に賠償責任があると思われがちですが、失火によって近隣を類焼させ財物を焼損させても、重過失がなければ法的賠償責任は一切問われないことが「失火法」に定められています。
> ○したがって、火災に対しては「自分のものは自分で守る」意識が必要です。居住者に対しては、万一に備えて専有部分に係わる大切な家や家財道具への火災保険付保の重要性をPRすることも、サービス業務の一環である認識が必要です。

ケース5　風災事故

　Eマンションにおいて台風にともなう強風により、バルコニーのパーテーションボードと駐輪場の屋根（スレートぶき）が破損した。

　管理組合が［積立マンション保険］もしくは、［マンション管理組合総合保険］（掛捨型・積立型を問わず）に加入している場合、台風による被害は損害金額を問わず復旧費用が補償されます。

共用部分に必要な損害保険

　[住宅火災保険]等に加入している場合は、台風による損害金額が20万円以上となった場合のみ、復旧費用が補償されます。

> **事務のポイント**
> ○風災等の免責金額が異なると、同じような被害を受けても、損害額によって保険適用の有無に違いが生じます。
> マンションのリスクを考えて、補償内容を見直すことが大切です。

※上記はあくまでも一例で、実際にはさまざまな状況で事故が発生します。
　事故が起きた場合は、まず管理組合、フロントマンに報告すること。保険適用可否判断後の業務の流れは以下のとおりです。

保険適用できる場合
- ●事故報告書作成
  日時・場所・原因・被害状況等、加害者・被害者名
- ●被害写真撮影
- ●修理見積書手配

↓ フロントマンまたは保険代理店へ郵送

保険会社査定

↓ 承認の連絡

管理組合

↓

修理工事

↓ フロントマンまたは保険代理店より書類到着

保険金請求手続き
保険金請求書類に関係者の署名捺印取付け

保険適用できない場合
- ●事故報告書作成
  日時・場所・原因・被害状況等、加害者・被害者名
- ●被害写真撮影
- ●修理見積書手配

↓ 詳細報告

管理組合

↓

管理組合承認

↓

修理工事

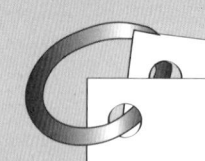

リスクに備える！　損害保険の加入と個人情報の保護

個人情報保護と管理会社の業務

　管理会社が取り扱う区分所有者等のさまざまな個人情報は、管理組合が収集したものを管理業務サービスを提供するために預かっているものです。
　本来の目的以外に利用したり、外部に情報が漏えいすることのないように、管理会社はもちろん、当事者である管理組合も、個人情報の取り扱いには正しい認識と厳重な注意が必要です。

情報セキュリティ対策と業務上の対応

　大勢の個人情報を取り扱うマンション管理会社にとって、自社の情報セキュリティ対策の充実とともに、管理組合に個人情報の取り扱いについて正しいアドバイスを行うことは、信頼関係を維持する重要な要素となります。

■個人情報の取り扱いとプライバシーマーク

　個人情報保護法により、過去6ヵ月間に一度でも5千人以上の個人情報を保有した事業者には、何らかの漏えい防止対策を実施する義務があります。高層住宅管理業協会からもガイドラインが公表されていますが、会社全体として個人情報保護法に対応するためには、具体的に何をどうすればよいのかを明確にしていく必要があります。その適切な方法として認知されているのが「プライバシーマーク」の認証取得です。

　プライバシーマークとは、工業製品のJISマークや、食品のJASマークと同じように、JIS規格にもとづいて個人情報の取り扱いについて一定の基準を満たした企業に使用が許されるマークです。その基準には、個人情報保護法に定められた内容が包含されているので、プライバシーマークを認証取得することは、結果的に個人情報保護法への対応ができている状態となり、管理会社としては区分所有者や居住者の目に見える形で安心を提供できる証となります。

■管理事務所における個人情報の保管義務

　管理事務所で保管している緊急連絡簿、未収納金個人別明細等は、個人情報に該当する重要な書類です。鍵のかかる書庫や引き出しでの保管を徹底する必要があります。また、記載内容を安易に他に教えることも厳禁です。不適切な取り扱いとならないように、厳重な保管と対応をしなければなりません。

リスクに備える！　損害保険の加入と個人情報の保護

■居住者のプライバシーの尊重と個人情報保護

　管理員は緊急連絡簿等の文書や受付業務を通じて、マンション居住者の家族構成や職業、さらには交友関係まで知ることができます。一般論として、ライフスタイルが多様化している中では、興味を引かれることや理解に苦しむ状況に直面するかもしれません。
　しかし、管理員の業務範囲はあくまでも共用部分についてであり、専有部分である居住者の住戸内部や私生活についてはタッチすることではありません。このことを改めて確認しておく必要があります。

　居住者の個人情報やプライバシーに関する不用意な一言がトラブルの原因になったり、極端な場合には犯罪につながることも皆無とはいえません。だれかに部屋番号や電話番号等を尋ねられた場合でも、基本的には本人の同意を得て返答することが適切な対応です。管理事務所内の書類についても同様に、厳重な取り扱いが求められているということです。

　管理員が専有部分の内部に関わりを持つことができるのは、火災やガス漏れ等の非常事態の発生時に限られています。その場合でも、フロントマンもしくは管理組合役員等に連絡のうえ対処することが必要です。
　また、居住者のプライバシーに関する事柄を話すことが許されるのは、犯罪捜査のときなどに限られるわけですが、その際も、警察手帳を確認せずに応じてはいけません。電話応対の場合には、相手が警察官を名乗っても、「折り返し電話させていただきます」と電話番号を聞いて電話を掛けなおして処理するなど、念には念をいれた慎重な対応が必要です。

　管理会社の従業員として「守秘義務」「個人情報保護」の遵守は当然です。「口の堅い管理員」が、管理員のあるべき姿だと理解してください。

未収納金督促業務における
「個人情報保護」「守秘義務」等のとらえ方

　管理会社およびその従業員には、個人情報保護法の遵守とともに、法律や管理委託契約書で定められている「秘密保持義務」「守秘義務」があります。正当な理由がなく、その業務に関して知りえた秘密を漏らしてはなりません。

　「正当な理由」とは、本人の承諾がある場合や、証人尋問を受けて証言する場合です。これ以外にも、管理会社には未収納金督促業務があるので、例えば、裁判所の執行官から管理員に、競売住戸の状態を問いかけられることもあるでしょう。また、管理会社では滞納者に対しては謄本を積極的にとるようにするので、それによって当該住戸が競売にかかっている、差し押さえになっている、自己破産になっている等の記録を知ることもあります。その内容を、管理会社としてむやみに区分所有者、居住者にいうと、この秘密保持義務違反に該当するわけです。

　ところが、理事会においてフロントマンが未収納金督促状況報告を行うなかで、「○○号室の謄本を確認したところ、こういう記録が載っています。今後（状況によっては即座に解決が困難なため）、未収納金がしばらくは増えていく危険性が多分にあります…」といった報告は、業務として当然すべきことです。しかし、そのおりには、プライバシーに関わることを報告するわけですから、役員にもその守秘の理解をしてもらうようにしないといけません。

　したがって、総会における未収納金督促状況報告でも、部屋番号・氏名は伏せるなどの配慮は必要です。ただし、任意の話し合いでは解決しないので訴訟をするような場合は、話が別です。管理組合が訴訟をするための手続きとして、総会資料に部屋番号・氏名・金額などすべてをオープンにしなければ、決議がとれないからです。そうでなければプライバシーを尊重した対応をしないといけないのは当然です。

リスクに備える！　損害保険の加入と個人情報の保護

個人情報保護法とマンション管理Q＆A

　個人情報を不適切に取り扱ったり、漏えいしたりすると、損害賠償の対象となるだけでなく、管理組合との信頼関係を一瞬にして失うことになります。
　個人情報保護法は、事業者が守るべき最小限のルールで、管理会社においてもこれさえ守れば万全というものではありませんが、マンション管理を行ううえで具体的にどのような事柄、状況に留意すればよいのでしょうか。
　個人情報に関して「そうであるもの」と「ないもの」の、一般的な区別、あるいは、個人情報であっても例外的に第三者に情報を提供することが認められる場合があります。日常の管理業務において想定される事例を掲げてみました。

Q1 個人情報とプライバシー情報は同じですか？
A　実際上は重なるところが大きいのですが、定義が異なる別の概念です。例えば、電話帳に掲載されている名前や電話番号はプライバシー情報とはいえませんが、個人情報です。

Q2 マンション管理組合は個人情報取扱事業者ですか？
A　マンション管理組合の組合員に関する情報も、法第2条第1項に定める個人情報に該当しますが、取り扱う個人情報の数が過去6ヵ月以内のいずれの日においても5千件を超えない管理組合がほとんどだと思われますので、多くの管理組合は同法に定める個人情報取扱事業者には該当しないと考えられます。
　ただし、個人情報取扱事業者に該当していなくても、あくまで慎重に取り扱う必要があることはいうまでもありません。

Q3 とくに収集しないほうがよい情報とは？
A　個人情報保護法では、取得する個人情報の種類による区別はありませ

んが、個人のプライバシーに深くかかわる情報、例えば、人種・民族、門地、信教、身体・精神状態、犯罪歴、政治的見解などの、いわゆるセンシティブ情報の取得には、本人の明確な同意が必要と考えられます。

Q4 管理会社が管理組合から委託をうけて、組合員名簿等を整備する目的で、組合員等が特定される情報を取り扱う場合は、あらかじめ各組合員に対して利用目的を明示することが必要ですか？

A 各組合員の個人情報を取得することになるので、法第18条第1項のとおり、あらかじめその利用目的を公表するか、取得後、速やかに通知または公表する必要があります。

公表の具体的な方法としては、ホームページへの掲載、パンフレットへの記載・配布、事業所の窓口における書面の掲示などがありますが、実務的にはマンションの掲示板等に利用目的を記載した書面を掲出する方法も考えられます。

Q5 入院している住民の様子を管理員に聞いたのに教えてくれません。この管理員は不親切なのでしょうか？

A 個人の病状は個人情報であり、管理員が知っていたとしても他の人にその情報を提供することはできません。不親切なのではなく、本来、教えてはいけないことなのです。

Q6 管理会社が管理費等の滞納状況を理事会に報告することは問題があるのでしょうか？

A 管理費等の滞納状況は個人情報ですが、法第23条第1項2号「人の財産の保護のために必要がある場合であって、本人の同意を得ることが困難であるとき」に該当し、法の適用除外となりますので、滞納状況を理事会に報告することは合法です。

リスクに備える！　損害保険の加入と個人情報の保護

Q7 区分所有者が部屋を転売した後、電力会社から電気料金が滞納となっているため、転居後の連絡先を教えて欲しいといわれました。本人の同意を得る必要がありますか？

A 　公共料金の場合は、Q6と同じく、本人の同意を必要とすることなく、転居先・連絡先を教えても差し支えないとされています。

Q8 仲介業者（宅建業者）から管理会社に売買対象予定住戸について、宅建業法第35条にもとづく情報（重要事項）の提供を求められました。対応すべきでしょうか？

A 　宅建業法に定められた重要事項（当該住戸の管理費等の滞納状況など）を管理委託契約にもとづいて報告することは管理会社の業務とされており、なんら問題はありません。

Q9 管理事務所に警察からマンションの入居者に関する問い合わせがありました。捜査などへの協力依頼に対しては、どのように対応すべきでしょうか？

A 　相手が真に警察官であれば、法第23条第1項4号「国の機関が法令の定める事務を遂行することに対して、協力が必要な場合であって、本人の同意を得ることにより、当該事務の遂行に支障を及ぼす恐れがあるとき」に該当します。
　したがって、本人の同意取り付けなしに情報提供する必要があります。

Q10 管理事務所に「理事長（または他の居住者）の氏名・部屋番号等を教えてほしい」という来訪者がありました。どう対処したらよいのでしょうか？

A 　本人の同意が必要と考えて措置すべきです。照会のあった理事長または他の居住者に連絡をとり、「○○という訪問者から聞かれているが、教えてよいでしょうか」と、問い合わせをしたうえで答えるべきでしょう。

個人情報保護と管理会社の業務

Q11 個人情報保護法と適正化法第80条（秘密保持義務）、第87条（使用人等の秘密保持義務）、標準管理委託契約書第16条（守秘義務）との関係は、どのように理解すべきものでしょうか？

A 　それぞれの「守秘義務」「秘密保持義務」は、その対象を「秘密」としています。「秘密」とは、一般に知られていない事実で、他人に知られないことにつき、本人が利益を有すると認められる事実のことをいいます。したがって、一般に知られている事実は秘密ではありません。

　しかし、個人情報保護法が対象とする「個人情報」は、この秘密に該当するかどうかということとは次元が違います。法律は「秘密」の概念とは別に、個人に関する情報を保護しようとするものです。

　要は、「個人情報」は「秘密」よりも広い概念で、例えば、人の氏名、性別は「個人情報」ですが「秘密」とまではいえないと考えられます。指摘の各条文は、それぞれの適用場面において、個人情報保護法の適用と重複して適用されることになります。

業務のポイント

　個人情報保護法とは、個人情報を適正に取り扱うことについて定めた法律であって、個人情報を厳重に保護するための法律ではありません。
　管理会社の果たすべき社会的責任をわきまえ、情報セキュリティ対策の強化と個人の人格を尊重した対応が、業務サービスの品質を高め、管理組合との信頼関係につながることを、つねに肝に銘じることです。

事例から学ぶ！

円滑に進める マンション管理の実践術

5

事例から学ぶ！　円滑に進めるマンション管理の実践術

信頼される
管理員業務の進め方

　大勢の人々が毎日の生活を営むなかで業務に携わる管理員には、日常業務の確実な遂行はもちろん、マンションの状況に応じた適切な対応が求められます。
　信頼される管理員の心得、上手な業務の進め方、トラブル発生時の機敏で適切な対処法など、マンション管理の現場で実践すべき最大のポイントは、つねに居住者の視点で考えることです。

苦情への対応

■小さな苦情も誠意をもって丁寧に

　マンションは、さまざまな価値観を持った人が同じ屋根の下に集まって生活しているため、思わぬトラブルが持ちあがります。マンション管理に苦情はつきものです。その苦情は管理員の業務に直接関係するものから他の居住者への苦情、さらには建物やメンテナンスに対するものなど、内容は千差万別です。

　いずれにしても、居住者は管理や運営について問題が起きたときや、何らかの不満を抱くと、最初に、もっとも身近な存在である管理事務所に苦情が寄せられます。このとき、管理員がどのように対応するかは、たいへん重要です。たとえ小さな苦情であっても、背後には我慢しきれなくなった末の不満が潜んでいる場合があります。ちょうど、氷山の水面下にその何倍かの大きな氷塊があるのと同じです。

　それだけに、苦情処理は、軽はずみに対応することは厳禁です。誠意をもって丁寧に処理をすることが、円滑な解決には不可欠です。管理員の初期対応ひとつで解決までの道のりは大きく違い、しかも、その後のマンション管理業務にもいろいろな影響を及ぼすことがあります。

　苦情への対応と処理は、マンションの良好な環境づくりとコミュニティ形成につながる重要な業務です。こうした管理員の適切な対応は、クチコミされてマンション全体の雰囲気とコミュニケーションをよくするきっかけになりますし、その積み重ねで信頼関係も育まれていくのです。

事例から学ぶ！　円滑に進めるマンション管理の実践術

■苦情対応の手順

①まず内容をよく聞く

　苦情を持ち込まれたとき、もっとも大切なポイントは「まず内容をよく聞く」ことです。とくに苦情を申し出た人が感情的になっている場合は「十分な時間をかけて丁寧に話を聞く」ことです。管理員が落ち着いた態度で誠意をもって話を聞くだけで、申し出た人が冷静さを取り戻すことがあります。苦情対応はそこからがスタートです。

②苦情受付を記載する

　苦情対応の第一歩は、苦情受付を記載することです。どんな種類の苦情であっても［苦情受付日・部屋番号・名前・内容］を記録することから始めます。この作業をすると苦情の内容が整理され、問題の所在や解決へのヒントが見えてくるので、業務の効率化につながります。

　そして、処理の経過と結果などを、進行にあわせて随時チェックし、できるだけ詳しく記入しておきます。進行状況をいつ聞かれても、即答できる体制をとっていると、苦情を申し出た本人に安心感を与えるからです。これが中途半端だと「管理員にいっても、何も解決しない」などの不信感を呼び、処理の進行の障害になるばかりか、管理員に直接責任のないことにまで飛び火して跳ね返ってきます。

③「ホウレンソウ」（報・連・相）を厳守する

　受け付けた後の処理では「ホウレンソウ」（報・連・相）の厳守が重要です。企業経営者が危機管理意識を社員に徹底させる際によく利用するキーワードです。

　これは「報告」「連絡」「相談」の頭文字で、危機管理は「情報の共有」が迅速処理の決め手というわけです。苦情対応にもぴったり当てはまるポイントです。

まず、基本動作として、フロントマンに報告して指示を受けることを原則とし、自分だけで勝手に処理しないようにすること。物事は多面的に見ないと正当な判断ができないことが往々にしてあり、管理員が問題をひとりで抱え込むと、問題解決を困難にするケースが多いからです。

これは大災害でも、重い病気でも、事件・捜査でも、最初の取り組みを誤ると解決が長引くのと同じです。とくにマンション居住者間のトラブルは迅速な対応を要します。フロントマンや管理組合役員に速やかに報告することです。

管理員自身がトラブルの当事者になった場合は、自分からは報告しにくいものですが、問題を深刻にしたり、長引かせないためにはフロントマンへ迅速な報告・相談が肝要です。

④苦情対応の経過や結果を正確に報告する

苦情を申し出た本人へも随時、対応の経過や結果を正確に報告することが大切です。「なしのツブテ」とか「放ったらかし」では不満やイライラは募り、解決が長引くばかりか、次の新しい苦情にもなりかねません。

業務のポイント
○感情的になっているときは、冷静に受け止め、内容をよく聞く。
○苦情受付に内容・経緯・結果を記録し、処理のチェックを行う。
○管理員で処理できるか、理事長に相談するべきか、フロントマンに連絡・相談するべきかを的確に判断する。
○解決が長引く場合には、途中経過を必ず本人に報告する。

とくに新任の管理員の場合「新しいのでわかりません」「知りません」は禁句です。「分かりました。内容をお聞きしましたので、すぐフロントマンと連絡をとり、ご報告いたします」というような対応が必要です。

事例から学ぶ！　円滑に進めるマンション管理の実践術

■苦情の内容と対応のポイント

　管理事務所に寄せられる苦情の内容はさまざまで、新規オープン時と、築後数年を経てからとでも相当違います。一般的には、①売買契約に起因する苦情　②管理委託契約に起因する苦情　③管理組合運営や居住者等に起因する苦情――の3つの領域に分類でき、それぞれ対応体制が異なります。

　「売買契約に起因する苦情」は、事業主もしくは施工会社で対応することになりますし、「管理委託契約に起因する苦情」については管理会社が対応、「管理組合運営や居住者等に起因する苦情」であれば、管理会社と管理組合とで対応することになります。

売買契約に起因する苦情

　売買契約に起因するトラブルの多くは、［アフターサービスに関する問題］と、［売買契約時の分譲会社の説明不足］から生じる問題です。

　アフターサービスに関する問題として出てくるのは本来、住宅性能上の苦情ですが、「管理事務所に苦情を申し入れたがいっこうに直してくれない」というように、管理業務に直接責任のないことが苦情として跳ね返ってくるケースがよくあります。

　管理事務所においては受付業務ということで、事業主や施工会社の苦情受付窓口にその旨の連絡をするわけですが、施工会社側が現地事務所を引き上げてしまうと、クレーム内容によってまとめて処理されることもあるため、迅速な対応とは言いがたい状態が生まれて、苦情の形になるということです。

> **実務のポイント**
> 　管理員としては、"なしのツブテ"にならないように中間報告を行い、「お聞きした件は間違いなく手配しておりますので、もうしばらくお待ちください」といった主旨のコミュニケーションを保っておくことが必要です。

管理委託契約に起因する苦情

　管理委託契約に起因するトラブルは、一般的には［契約不履行］や［管理委託契約の解釈の相違］など、管理組合と管理会社の理解や認識のズレから生じることがほとんどです。

　管理会社にとって契約業務の履行は、プロとしての信頼を損なわないよう「善管注意義務」を果たし、約束したことはきちんと守るのが最低限の対応です。
　管理員業務の範囲や内容についても、管理仕様書に記載しており、その通り遂行されていれば問題はないはずです。しかし、お客様の立場にたった対応がなければ、苦情を受けることがありますし、管理事務所においても前任者や近隣のマンションと比較されて、いろんな苦情を受けることがあります。
　また、管理員業務以外のことで「私がしてほしいと思っていることを、管理員は何もしてくれない」というような場違いなクレームもたまにあります。

> 　この種の苦情については、管理員や管理会社の仕事の範囲について、十分に説明をして納得してもらうようにします。
> 　そのためには日ごろから、管理員の業務・仕事について居住者の理解を得るような心がけも大切です。居住者との日常の対話のなかで、話題を織り込む工夫をするとよいでしょう。
> 　しかし、どうしても納得してもらえないときは、結局は現状に満足してもらえてないということです。例えば「具体的に、どのようなことですか？」と聞いても「いっぱいある」と言われることがあります。
> 　したがって、ひとつひとつをきちんと把握して対応していくことが、遠いようで一番早い解決方法です。

事例から学ぶ！　円滑に進めるマンション管理の実践術

管理組合運営や居住者等に起因する苦情

①管理組合運営に起因するトラブルには［理事会・総会運営に関する問題］［施設運営等に関する問題］［義務違反者への対応問題］などがあります。

理事会に関する問題では、理事会の独断専行ということが取り沙汰されることがあります。また、理事会の内紛・分裂という問題もあります。

> **業務のポイント**
> 　理事会・総会運営については、基本的には法律や管理規約の規定を守って、適切なアドバイス、運営補佐をするのが管理会社としての立場です。
> 　したがって、理事会で決議されて業務を推進するなかで、独断専行という問題が取り沙汰されると、言いづらい状況におかれるときもあるでしょうが、そこに違法性やルール違反が明確にあれば、適切にアドバイスをしておかなければなりません。
> 　同じように、理事会の内紛・分裂といった事態にならないように補佐するのも管理会社の業務のひとつです。事案によって状況が異なるので、具体的な対応はなかなか困難ですが、区分所有者にとってどうあるべきかを見極めていくことが大切です。

施設運営等に関するトラブルで多いのが、駐車場の空き待ちの問題です。

> **業務のポイント**
> 　この場合は、駐車場の空き待ちシステム（受付順・抽選等）を明確にして、順番を公開しておくことが望ましいでしょう。誤解を招かないことが肝心です。なお、機械式駐車場の場合は、適合外車種の契約がないように気をつけます。（契約時に全長、全幅、車高、ホイールベース等のチェックが必要です）

義務違反者への対応問題は、共同生活の秩序を乱す行為や、共用部分に私物を置いて勝手に使用するなどの有害行為に対する中止要求の苦情です。

> **業務のポイント**
> 　違反事項を確認した場合や、不審なことを見かけたときは、〈黙認をしない〉〈気づいた時にすぐ注意をする〉〈反復して注意をしていく〉ことが大切です。

②居住者等に起因するトラブルには、［ペット飼育］［騒音関係］［ゴミの出し方］［迷惑駐車・迷惑駐輪］など、管理意識や生活意識の相違から生じるさまざまな問題があります。

居住者間のトラブルのなかでも騒音関係については、居住者の生活リズムの多様化から、生活音であっても苦情になることがよくあります。

> **業務のポイント** 騒音問題は、一般的には受忍限度の問題ということになります。まずはその音が〈生活音〉か〈特別の音〉なのかを判断することが第一段階です。生活音であれば、それをゼロにすることは不可能ですから、被害を受けている人にもある程度は、その音に慣れてもらうことが必要なケースがあります。

ここでは 上下間の騒音問題での一般的な対応例 を見てみましょう。

苦情を申し出られる人は多分、「上階がうるさい」というように言ってきます。確かにそのケースもありますし、割合的にはそれが一番多いでしょうが、必ずしも騒音の発生源が上階からではないケースもあります。
例えば、階下の子どもが飛び跳ねたときに、上の住戸にはどのように伝わるのかというと、階下の住戸で飛び跳ねたと感じないで、上階の住戸が飛び跳ねたと感じるのです。したがって、居住者から「上階の方が……」と断定的に言われても、絶対に上階からその音が出ているとは限りません。わからない中で決めつけた対応をすると、非常に問題をこじらせてしまうので、その点を十分に理解しておかなければなりません。

最初はマンション全体に向けて
この場合の基本的な対応として、通常はマンション全体に対して「こんな苦情が寄せられました。お互いに気をつけて生活してください」といった類の注意文を掲示なり、配布して啓蒙する作業があります。

次に周囲に向けて
とくに注意しなければならないのは、上階の人を中心に対応するのはよいのですが、周りの住戸にも「こういう苦情が出ていますが、お気づきになりませんか」と、同じように声をかけることです。そういう苦情が付近にあることをまず認識してもらうことが大切です。

事例から学ぶ！　円滑に進めるマンション管理の実践術

　騒音問題については状況がさまざまで、音に過度に反応しているケースもあります。もちろん、苦情を寄せた人の立場にたった対応をするスタンスは間違いないわけですが、そこに偏りすぎると事の本質が違った判断になってしまうことも事実あるので、幅をもって対応していくことです。

　居住者間のトラブルは、対応を誤るとかえって問題をこじらせ、住環境を悪化させる事態にもなりかねないので、視野を広げて慎重に行う必要があります。ただ、生活関連の問題は、日ごろのコミュニケーションがあれば苦情には至らず、良い相隣関係が築けることも多いので、管理員はその一助としてどなたにも気持ちよくあいさつするなど、明るい雰囲気づくりを心がけたいものです。

　専有部分の使用に関するトラブルは、専有部分と共用部分の区別が明確にできないと、対応できません。

> **実務のポイント**
> 　管理規約の定めを確認しておくことが大切です。基本的には、部屋内の造作でコンクリート躯体部分以外はほとんどが専有部分です。配管・配線関係もその住戸しか使っていないのは専有部分。共同で使っている縦管などは共用部分です。ただし、専用の配管・配線が共用部分にあれば共用部分です。
> 　例えば、メーターボックス内や、トイレの奥に排水竪管等のパイプスペースがあるマンションにおいて、当該スペースは共用部分になりますので、そういった区分けを間違えないようにする必要があります。

　暴力団関係者の居住も困ったトラブルのひとつです。

> **実務のポイント**
> 　管理組合・自治会と管理会社が協力して解決をはかった事例もありますが、大きな問題が起こったときにこそ、相手の立場にたって考え、対応していく姿勢が何より大切です。

■苦情対応上の留意点

　苦情を受け付ける際の基本的な心構えとして、平素から①「逃げないで最後まで聞く」　②「処理と結果の報告は迅速に」　③「フロントマンおよび理事会と緊密に連絡をとる」ことの３つを心がけてください。

　とくに苦情を受け付ける者の態度が横柄だったり、高圧的だったりしないこと。申し出は我慢しきれなくなった挙句の行為ですから、感情が高ぶっています。"売り言葉に買い言葉"にならないよう、言葉づかいには気を配ります。

　苦情処理にはいろいろなケースがありますが、対応ひとつで管理会社の印象を決定付けてしまうことがありますし、結果として管理員にかかる負担の軽減にもつながります。

　苦情受付は地味で忍耐を要することですが、いわば"プロ精神"発揮の場で、きわめて重要な業務です。

苦情対応上の留意点

- 逃げないで最後まで聞く
- 処理と結果の報告は迅速に
- フロントマンおよび理事会と緊密に連絡をとる

公平な管理はどのように

■公平はサービス業の大前提

　マンション管理はサービス業ですから、管理員業務においても個人的な感情に左右されず、すべての居住者に公平であることが大前提となります。

　管理員としては、日ごろから居住者に公平に接することで業務がスムーズに進み、良好なコミュニティ形成の一助となる側面も期待されています。

　そのために大切なのが挨拶の励行です。「お早ようございます」「いってらっしゃい」「こんにちは」「お帰りなさい」等、その時々の挨拶をきちんとすること。これは決して応えを求めるものではありません。反応のあるなしは関係なく、だれにでも気持ちよく挨拶をすることです。

　また、本来の管理員業務以外で居住者から依頼されて、サービス的に作業を提供することもあります。そうした場合に、相手によって依頼に応じる、応じないがあっては、不公平が生じていらぬ誤解を招くことになります。

　サービス業務を提供するときこそ、「公平」を忘れてはなりません。

■まず居住者が望む管理を

　管理業務の形式的な部分は、マンションによって状況、条件がちがいますので、公式どおりの形にはなりません。また、いくら居住者の利益になると思ってしていても、居住者が望んでいないことなら、マイナスの評価にしかなりません。

　例えば、迷惑駐車の取り締まりひとつをとっても、つねに厳しくすることを必要とするところもあれば、土、日曜ぐらいは来客もあるのだから、ある程度ゆるやかに対応してほしいと希望するマンションもあります。

　したがって、管理組合や居住者が本当に望んでいる管理を十分に把握して柔軟に対応する姿勢が必要です。ここでも細やかな配慮が求められます。

■駐車場使用契約の透明性を保つ具体策

　空き駐車場の使用契約が、管理事務所への申込み順や公開抽選で行われている場合、不正があったり、明朗な決定ではないと疑いをもたれては困ります。

　駐車場の使用を申込み順に受け付けるマンションでは、いつ問い合わせを受けても「お宅は何番ですよ」と公表できるように、専用ノート等にきちんと記録しておくことが大切です。

　具体策として、年1回の総会時に順番表を添付して、つねに誤解されないようにしているところがあります。これらの方法はそれぞれの管理組合が決めることですが、いずれにしても管理に携わる側が疑惑をもたれたり、トラブルに巻き込まれることがないように、透明性の保持に注意しなければなりません。

　何事によらず情報開示をすることは関係する人々の協力を得るポイントです。

住戸を譲渡・貸与した場合の駐車場使用契約消滅

　新たに駐車場使用契約が発生する事例として「自宅を親戚に売ることにしたが、駐車場使用の権利もそのまま譲りたい」といった場合を考えてみましょう。

　マンション標準管理規約では、駐車場の使用については「区分所有者がその所有する専有部分を、他の区分所有者または第三者に譲渡または貸与したときは、その区分所有者の駐車場使用契約は効力を失う」となっています。

　したがって、募集方法について、何の取り決めもない場合は、いったん管理組合に戻して一般公募を行い、だれも応募がなければその親戚に、応募があれば抽選ということになります。まずは管理規約を確認することです。

駐車場契約とは
　管理組合と特定の区分所有者との間で締結する駐車場使用契約のことです。一般的には、バルコニーや専用庭などの専有部分（物）に属した権利ではありません。
　ですから、賃借権のように、その土地を使う権利という性格のものではなく、区分所有者が変わる場合には当然、その権利、債権関係は消えるわけです。

事例から学ぶ！　円滑に進めるマンション管理の実践術

管理事務所で物品を預かる時は

■不在者荷物受け渡しの注意点

　宅配ボックスが設置されていないマンションでは、居住者の不在時に配達された宅配便等を、管理事務所で代理授受し、一時預かりするケースがあります。その際は事後にトラブルが起きないように、必ず「物品受渡し簿」を備えて記載することが大切です。宅配業者にはその受渡し簿に日時・品物・数量・相手先等の必要事項を記入してもらい、帰宅した居住者に引き渡すときはサインをもらいます。

　預かり物は管理事務所内に保管し、当該居住者の郵便受け等に物品預かりメモを入れておきます（これは宅配業者が行うべき作業です）。

　ただし、基本的には宅配業者が直接受取人に手渡すべきものなので、居住者の帰宅時間があやふやで荷物の引渡しが困難と思われるときや、日勤管理マンションでは勤務時間内に手渡しできないと逆に不便が生じるので、業者に再配達してもらうようにします。

　なお、管理の都合上、預かることが適当でないものがあります。鍵・現金（書留）・貴金属・美術品等の貴重品や生鮮食料品・生花等の傷みやすいもの、大型の荷物など保管が困難なものは原則として預からないことです。長期不在の居住者への届け物についても預からないようにします。

　とくに気をつけないといけないのは、同じことでも「A住戸のものは預かるが、B住戸のものは預からなかった」というようなケースです。こうした対応は絶対にないように。公平が第一です。

■サービス業務の注意点

　管理員がサービス業務をはき違えたことで、思わぬトラブルを招いたケースがあります。再認識してもらうために、実際に困った事例を紹介します。

鍵の預かりは慎重に

事例1　ある区分所有者が転勤のため部屋を売却することになり、仲介業者に渡す鍵を管理事務所で預かった。そこで業者に鍵を渡すまでの間に通気をしておこうと管理員が窓を開けておいたところ、部屋に備え付けていたエアコン、カーテン、網戸等がすべて持ち去られてしまった。

事例2　居住者がしばらく留守をするというので、管理員が気を利かして水道の栓を止めていた。ところが、居住者本人はそのことを知らなかったので、帰宅して水が出ないことから管理事務所に行ったが、あいにく祭日で管理員が不在。本社管理センターにすごい剣幕のクレームが入った。

　上記2つの事例はともに親切心で行ったことが、結果的にマイナスになったということです。

　事例1のような専有部分の鍵については「預からない」のが大原則です。事故はどんな形で起こるか分かりません。経験的には鍵を預かっているとよくトラブルになります。まずは預からないことです。

　事例2の場合は連絡不十分ですが、調べると3日間の留守ということだったと分かりました。もちろん、その間に絶対に事故は起きないとはいえませんが、基本的にはそこまでする必要はない状況と思われます。仮に止めるのなら本人立ち合いのもとで行うべきです。

事例から学ぶ！　円滑に進めるマンション管理の実践術

違反行為をどうするか

■違反（迷惑）行為はまず全体に呼びかけを

　共用廊下に自転車が放置されている光景を時おり見受けますが、この違反行為に対し管理員が「正規の駐輪場に移動願いたい」という注意文を自転車に貼り付けたことから、居住者が腹を立ててトラブルになったケースがあります。

　マンションの共用廊下は避難通路としての役割も担っていますから、自転車や物品の放置は居住者の通行の妨げとなるだけでなく、消防署から当然、撤去の指導がある事項です。

　したがって、違反行為に対して注意するのは管理会社の義務でもあります。しかし、即刻中止や改善を求めねばならない有害行為を除いて、まず最初は注意文を掲示するなり各戸に配布するなど、マンション全体に違反をなくそうと「協力のお願い」を呼びかけることから始めるべきです。

　それでも状況が変わらないときは本人に直接注意をすることになりますが、この場合でも管理組合に相談したうえで行うというように、順序を踏んだ気配りのある対応が必要です。

　なお、そうした経過も必ず管理日報に記載し、記録として残しておくことが大切です。

■実損害の出るルール違反は慎重な対応を

　某マンションの事例です。フローリングの規制について管理組合がアンケート調査を行い、調査結果等をもとにルール作成の準備をはじめた矢先に、1階のＡ氏が突然、管理組合に無断でフローリングの工事を始めました。

　それに対して理事長が工事を中止させたところ、Ａ氏は職人の手当てと混合をしていた接着剤の損害を管理組合に請求する事件になりました。

　区分所有法にも管理規約にも「理事長は管理規約の違反に対して勧告することができる」という規定はありますが、いきなり強硬な勧告等は差し控えた方がよいケースも出てきます。

　同様に管理員も、共用部分のルール違反については、その場で注意しなければならない立場にあります。しかし、極端な目に余る場合は別ですが、実損害の出るようなルール違反については慎重な対応をすべきです。

■用途変更に大岡裁き

　管理規約で専有部分が住戸専用となっている場合は、用途変更の申し出があっても基本的には認められません。しかし、そこに住んでいる人が事務手続き上、名義だけでも使わせて欲しいというような場合まで否定するべきなのか……。

　こうしたうケースについてＢ弁護士の話（講演）を引用してみます。

　あるマンションで、「小荷物配送業を開業したい」という用途変更と、乗用車に限るとある駐車場に「業務用の軽自動車を駐車させてほしい」との申し出がありました。

　それに対し、管理組合理事会は協議を重ねた結果「規約が決められたのは要するに他人に迷惑をかけないためである。規約に抵触はするが最大利益の追求という観点からみれば、認めてもよいのでは」という結論に達し、無事に開業が認められました。

　こうしたボーダーライン上の規約違反（抵触）に対して、「最大利益の追求」の観点をテコに理事の皆さんが柔軟な解釈で対処された事例です。

事例から学ぶ！　円滑に進めるマンション管理の実践術

■バルコニーにサンルーム設置は違反

　マンションのバルコニーは専有部分ではありません。あくまでも共用部分で、それを専用使用しているに過ぎません。したがって、この部分の勝手な改造は管理規約で固く禁じられていますが、なかなか理解されずにトラブルに発展するケースもあります。

　大阪の某マンションで、バルコニー部分にサンルームを設置しようと、扉・壁・柱などの撤去工事にとりかかっていた事例がありました。もちろん、管理組合には無断で工事に着手していたもので、大きい音がするので管理員がその住戸を訪ねると、サンルームを設置するとのことでした。

　そこで管理員が「待ってください」と工事の一時中止を求めてフロントマンに至急連絡をとり、相手の方と2、3回の話し合いをして原状回復をしてもらうことができました。

　この場合、さいわい工事開始直後に対応できたので、その住戸も中止しやすい状況だったといえます。

　管理員は巡回の際、バルコニー部分にも注意をして、何か変わったことがあれば、フロントマンに連絡して、早期の対応をするべきです。

同様の事例で「石神井公園温室事件」と呼ばれる最高裁判所の有名な判例（1975年、判時779-62）があります。

> 石神井公園は東京にある有名な公園ですが、その近くのマンションで、バルコニーに作られた温室の撤去を求めて話がこじれ、管理組合が東京地方裁判所に提訴した事例です。
>
> 一審では「バルコニーへの設置は原則とし認める」との判決がでました。理由は「専用使用部分については、まずそこに居住している人の生活の利便を第一に考えるべきであって、とくに他者に迷惑をかけないのであれば、温室の設置は認める」ということでした。
>
> それに対して管理組合は控訴し、東京高等裁判所で「バルコニーには設置を認めない」との逆転判決がでて管理組合が勝訴しました。
>
> 最終的には最高裁判所まで持ち込まれ、最高裁は「バルコニーへの温室設置は認めない」と高裁の判断を支持しました。
> この最高裁判決の判決文の一部を紹介すると「もともとマンションの美観は、そこに住む組合員一人ひとりが日常生活をするうえにおいて、心理的満足を得るという点で重要であるばかりでなく、統一美が保持されているか否かは、建物の価値を維持存続させる点で経済的に多大の影響を及ぼすものであることを考えると、組合員全員のため、その保存をはかる必要があるものと考えられる……」ということでした。

この判例がでてからは、管理規約で共用持分、とくにバルコニー部分への固定物の設置は固く禁じられるようになったということです。

外来者との接し方

■不審者を見かけたらすぐ110番

　マンション内で不審者を見かけたら、近寄らないで、離れたところから「どちらへ行かれますか」と声をかけることです。
　また、不審に感じたときは、自分で捕まえようなどと危険なことはせずに、ただちに110番通報をして警察にその措置を委ねてください。
　これは何かあったときの二次災害を防ぐためです。いくら体力に自信があっても、相手は凶器を持っているかもしれません。
　管理員業務としては、何よりもまず冷静な対応が必要です。

■言葉づかいには注意しよう

　管理員がマンション敷地内に入ってきた人を、どこかの不審な業者と思って注意したところ、その人がマンションの区分所有者であることが分かりました。
　途中で気づいて言葉づかいを丁寧に変えたのですが、その人から「業者には偉そうに言って、区分所有者には丁寧に対応するのか」と指摘を受けました。
　日常業務の中では外来者への注意は当然必要ですが、威圧的な口調や荒い言葉はどんな場合でも避けるべきです。
　なお、正当な目的で訪れる外来者に礼を失することなく、不審者の立ち入りを防ぐには、まずキビキビした挨拶から始めるのが基本です。次いで「どちらをお訪ねですか」というように話しかけて用件や訪問先を聞くことは、招かれざる客の立ち入り防止に効果的です。

■悪質な業者の対処法

　悪質なユニットバス取替え業者に、管理員が傷害で訴えられるという事件がありました。この業者の商法は、2～3人の若い女性が「理事会の意向で管理員のかわりにきました」と各戸を訪問、うまくいきそうだと思うと、携帯電話で階下に待機している男性営業マンに連絡し、あとはその営業マンが交渉していくやり方です。

　管理事務所に居住者から「管理組合の意向だといっているが本当ですか」と電話があったので管理員が駆けつけると、女性はすぐに退去したが、再び電話連絡がありました。そこで「管理組合はそんな許可はしてないから退去しなさい」と注意すると、「私は仕事をしているのだ。あなたには関係ない」と激しく抵抗。「出て行って！」「いやだ」ともみ合いになったはずみで衣服か肩に手が触れたとたん、その女性が倒れ、女性は仲間に囲まれて病院へ行きました。

　病院では、ちょっとヒザを擦りむいた程度でも「擦過傷、全治1週間」といった診断書を書きます。この件でも、診断書をもとに傷害の被害届が出ました。警察では診断書がある以上、事情を聴取し、傷害事件として検察庁に書類送致することになります。疑いはすぐに晴れましたが、こういう形で被害届けを出されると、無用な誤解も生じます。このようなケースは次の点に注意してください。

絶対に衣服や身体には触らない

　悪質な業者は管理員に注意されたときの対処法として最初から、手が触れたら自分で倒れる……というようなマニュアルをつくっています。相手の衣服や身体には絶対に触らないよう、十分な注意に徹してください。

不退去罪で警察に通報しよう

　他人の敷地に無断で入り、権限ある者の指示に従わない場合は「不退去罪」になります。したがって、関係のない者がマンションの敷地内に入り込んだ場合は退去を求めたうえ、警察に通報し、あとは警察に任せてください。

水道メーター検針の意義

■水道メーターで分かる埋設配管の異常

　あるマンションで夜間、敷地内の通路部分から水が噴出、本社から緊急出動しました。地中の埋設配管に5cm程度の穴があき、高置水槽にも揚水ができなくなったものです。この敷地はもと竹やぶだったところで土質が非常に強い酸性で、それによって配管に電蝕が起こって穴があいたのが原因です。とりあえず樹脂系のビニール管をジョイントして仮補強し、抜本的な改修の検討を理事会に依頼しました。

　近年、こうした埋設配管での漏水事故が数件あり、マンションの経年化にともなう同種の事故発生が今後も懸念されます。これは如何に注意をしていても、表面に出てこなければわからない典型的な事例です。プロの管理会社として埋設配管の異常を早期に発見していくには、水道親メーターの定期的な点検ならびに各戸メーターの合計とのチェックを適切に行って、バランスを確認しておくことが重要です。

■水道使用量の比較で漏水を早期発見

　水道使用量の検針は通常、2ヵ月に1回もしくは毎月行っていますが、その際、前述のとおり各戸の使用水量合計と親メーターの使用量を比較して通常平均値との間に差が出た場合は、改めて調査をする必要があります。

　あるマンションで給水配管の地下埋設部分の継ぎ手から水が漏れていました。管理員が使用量の比較チェックをしていて、早い時点で気づいたのですぐに調査をして無事復旧しましたが、もしチェックをしないでいたら漏水の発見が遅れ、大きいマンションなので1年も経過すると何百万円という水が流れてしまうことになります。

■水道親メーターのチェックが漏水発見のポイント

　漏水事故が起こった場合、対処するまでの期間が長引くほど、給水設備の安全性が低下する一方で、多額の水道料金が発生することが免れません。それだけに、巡回時の目視点検と定期的な親メーターのチェックは重要です。

　親メーターの使用量を毎日記録していた管理員が、わずかな増加を確認してすばやく調査をし、受水槽の給水配管からの漏水を発見して被害を最小限に食い止めた事例もあります。

　ビルメンテナンス業では基本的に、担当者は朝一番に水道・ガス・電気の親メーターを検針するのが日課です。その積み重ねが事故の早期発見に役立っているのです。

　マンションにおいてはその定めはありませんが、水道親メーター検針の意義を認識し、漏水事故の早期発見に努めてください。

親メーター検針の重要性

①早期発見により大量の漏水と水道料金の超過払いを防止する。
②水道には、漏電ブレーカーのような機能がないので、親メーターのチェックが漏水発見のポイントになります。
③地震による配管への影響も予想され、危機管理の面からも重要です。

●水道使用量比較のポイント●

異常チェックは
- 一日あたりの水量
- 前年実績との比較
- 各戸メーター総使用量との比較

※親メーターと各戸メーターの検針日をあわせ、比較条件を同一にすること。

事故防止の備えと発生時の対処法

■事故防止と防犯対策の気配り

　学校が夏休み、冬休みなどの長期休暇に入る時期は、子どもに関わる事故や深夜の犯罪が多発するおそれがあります。共用部分での事故防止に重点をおいて、屋上に通じる部分の施錠確認や、死角になる場所の巡回を多くすること。そして、防犯対策に気配りをすることが大切です。

　エントランスの掲示板などを有効に活用して注意を呼びかけ、防犯意識の高いマンションの雰囲気づくりに努めましょう。とくに、小さな事件でもマンション内や近隣で発生した場合は、不審者に目を光らせ、理事会との連絡を密にして、注意を呼びかける広報をするなど、事件を連鎖させないよう配慮してください。

■玄関ガラスドアでの事故防止

　マンションの豪華さを演出するため、最近はエントランスホールに大型のガラスドアが採用されるようになっています。このドアのガラスがきれいに磨き上げられ、うっかりぶつかって怪我をするケースがあります。清掃業務が行き届いているわけですが、事故が起きては何もなりませんし、ガラスの壊れ方によっては大怪我になります。

　このような事故は通常、ガラスを割った人の前方不注意ということで、怪我をしたうえにガラス代を弁償するはめになり、大変不愉快です。また、きれいに磨かれていたのでガラスドアの存在が全く分からなかったと、逆に管理サイドにクレームが入る可能性もあります。

　ガラスに花柄シールなどをうまく貼って注意を促すことが有効です。グリーンの鉢植えを置くのも美観を保つうえでよいと思います。事故防止には万全の注意を払う必要があります。

■良住環境の維持を忘れない

　敷地内に植えている花を守るために、周囲に有刺鉄線をはって保護するような処置は適切ではありません。いくら悪戯が多いからといっても、これではわざわざ危険箇所をつくる結果になります。つねに、良住環境を維持する立場を忘れないで作業に当たることが肝要です。

■バルコニーの整備を呼びかけよう

　バルコニーは共用部分とはいえ専用使用部分ですから、日ごろは管理会社の目が行き届くところではありませんが、事故が危惧されるような状況があれば、未然に防止するために配慮を求める呼びかけやアドバイスも必要です。

転落事故の防止に
　バルコニーや窓から幼児が転落する事故は、過去に何度も報道されていますが、子どもは足場になるような物があれば、思いもかけない行動をすることがあります。バルコニーや窓際には平素から物を置かないようにすることが肝要です。居住者には子どもの視点で配慮を求める呼びかけを心がけましょう。

落下物の防止に
　花や植木をバルコニーの手すりの近くに置いたり、高いところに吊るしていると、強風や不注意で落下して人や車などに被害を与える危険性があります。また、子どもが廊下で遊んでいてボールやおもちゃを階下へ落とすことがあります。こうした事故を防止するために、理事会と相談のうえ、注意書を掲示するなど注意を徹底することが大切です。

避難通路の確保に
　バルコニーには災害時の避難通路として利用できるように、隣戸との境界に子どもでも簡単に割ることができるパーテーションが設置されています。この付近に物が置いてあると、緊急時の避難の妨げとなるので、広報などを利用して本来の重要な役割が認識されるように努め、撤去や整備の協力を呼びかけます。

■火災が発生したら

火災発生時の対応手順を理解しておくことは危機管理の基本です。

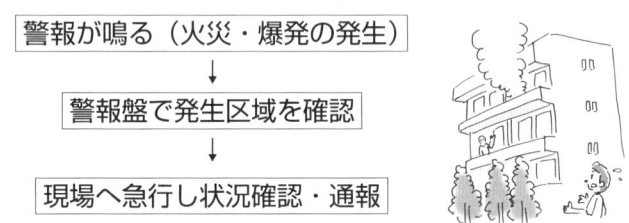

警報が鳴る（火災・爆発の発生）
↓
警報盤で発生区域を確認
↓
現場へ急行し状況確認・通報

とくに、火災発生では次のことを注意してください。

①消火器等による初期消火
②近隣住戸の避難誘導と状況により全館通報
③消防署へ119番通報（住所、マンション名、火災発生場所等）
④管理組合・本社へ緊急連絡
⑤居住者に事故の概要を知らせ、事故防止の啓発をする

誤報の場合は、次の対応をします。

①警報盤の復旧を行い、②居住者に誤報であることを知らせる。

■人身事故はまず119番（救急）通報

マンションで飛び降りなどの人身事故があったときは、110番（警察署）ではなく119番（消防署の救急）に通報することです。その後、必要なところに連絡します。居住者に安心を与え、住環境を平常に戻せるように対処するのが管理上適切な手順です。

■共用部分の消火器の安全対策

平成5年に、あるマンションの廊下に置いてあった消火器が投げ捨てられ、隣家の屋根を壊す事件がありました。この犯人は不明ですが、賃貸マンションの

オーナーである建物所有者に管理責任があるとの判例（1994年、判時1525—95）が出ています。

　共用部分に設置している消火器は、管理組合が所有し使用管理をしていることから、必然的に責任が発生します。消火器はイザという時にすぐ使えることが大前提ですが、だからといって無防備な状態の設置は禁物。子どもが悪戯をしたり、大人であっても悪用する可能性がないとは断言できません。それを踏まえた安全対策が不可欠です。

　常備する消火器は次のような収納方法があります。

　　①［壁面設置格納箱］にとりあえず消火器を収納する。
　　②［警報器付格納箱］フタを開けるとベルが鳴り出すタイプ。ゼンマイ式。
　　③消火器をのせる台に防犯ベルをセットするシステム。
　　④消火器の裏側にある器具を壁面に引っ掛けて設置する従来型。

　４つの方法のうち②の［警報器付格納箱］が将来的によいようです。

■ダニ、ゴキブリ退治の燻煙剤使用時の注意

　管理組合に無届けでダニ、ゴキブリ退治の燻煙殺虫剤を使用して火災感知器が作動し、消防車が出動した事例があります。事前に管理事務所へ連絡があれば、無用な騒ぎは起きません。日ごろ、折りあるごとにPRしましょう。

■危険箇所チェックはフレッシュな目で

　最近は社会全体がいろんな形の賠償責任を問題にします。マンションの管理組合も例外ではなく、所有者責任・管理者責任・使用者責任が生じます。

　当然ながら管理会社はその一端を担っているので、管理組合の立場にたってこれらの責任が問われるケースを未然に防ぐ使命を自覚せねばなりません。

　マンション巡回時にはつねにフレッシュな考え方・見方で危険箇所のチェックや異常の発見に努め、異常には応急の安全策を講じ、すぐにフロントマンと管理組合に連絡して大事に至らないように心がけましょう。

作業時の留意点

■安全確認と細心の注意を

　作業時には、事故やトラブルにつながらないよう「安全第一」の姿勢でのぞむことが大切です。

ワックスがけは通行人に注意
　廊下などでのワックス作業中は床が大変滑りやすく、危険です。必ず作業中である旨の掲示をし、通行する人には「危ないですよ。気をつけてください」とひと声かけるなど、事故につながらないよう細心の注意を忘れないことです。
清掃作業中は案内表示を明確に
　側溝の清掃をするためにグレーチング（排水溝や溝にはめる鉄の格子）を外して作業中に、車が溝にはまってバンパーを破損する事故がありました。

　溝だけでなくマンホールや地下受水槽等のフタを開けて作業をする時には、必ず作業中であることが明確に分かるように三角コーンなど目立つものを立てて、事故防止に努めるのは当然です。開けたフタの復元は確実にして安全チェックをしないと、不慮の事故につながりかねません。
植栽剪定は周囲を見渡して
　植栽の剪定作業中に落とした枝が駐車車両を損傷させ、車の全体塗装を要求される事故も案外あります。業者に依頼している場合は作業員に注意を促すことを忘れないようにします。管理員業務として作業をする際も、上下や周りの安全確認を怠らないようにするのは当然です。
美観にも配慮を
　表示や看板の簡単な整備を管理員が行うときがあります。その場合も、四方を茶色のガムテープで無造作に貼るのではなく、両面テープや透明テープを使って、貼り方にも工夫をするなど、美観にも配慮が必要です。

■エレベーターに水は禁物

　エレベーターは、マンションの玄関に次ぐ「顔」ですから、日常清掃にも一段と気合の入る箇所ですが、作業をするときは必ず１階に停止させて行うとともに、水には非常に弱い機械ですから、気をつけてください。

　居住者がエレベーターかご内で醤油をこぼしたため水洗いしたところ故障して、修理が必要になった事例があります。

　万一、液体をこぼしたようなときは管理員もしくはメンテナンス業者にすぐ知らせるような呼びかけを、平素からしておく必要があります。

■水道の開栓・閉栓は確認してから

　居住者の引越し等にともない、水道の開栓・閉栓を管理員がすることが多々あります。その際も慎重に対応しないと思わぬ事故につながりかねません。

　転居する人が最後の水道検針の後「閉栓しておいて」というので、管理員が閉栓しましたが、たまたまバルブが固くて完全に閉まってなかったようです。その後、不動産業者が、部屋の電気温水器の中に入っている水を抜いておこうと配水バルブを開いたため、水が流れ出て、わずか１カ月間で30万円近い水道料が発生する事故になりました。

　温水器では過去にも安全弁の誤作動や確認もれで漏水事故になった例があります。また、居住者が入れ替わる際に「○月○日に入居するから通水しておいて」といわれ、バルブを開いておいたところ、台所のバルブが開いていたうえ流し台にフタをしていたため、水が溢れた事故がありました。

　水道栓の開閉は必ず入居者の立会いのもとで行うことです。とくに閉栓する場合は、止水栓を閉めた後、部屋の蛇口を開いてもらって閉栓を確認。また、開栓の場合も部屋の中が分かる状態にしてから開栓するよう、念には念を入れてチェックしてください。

事例から学ぶ！　円滑に進めるマンション管理の実践術

■困り者・不用自転車の処分

　どこのマンションでも共通の悩みは「駐輪場」不足問題です。その対策として一般的には管理組合が発行するシールを居住者の自転車に貼ってもらい、シールのない自転車は一定期間保管した後処分する方法が採用されています。
　しかし、マンション敷地内の不用自転車・単車等を処分する場合は、必ず所定の手続きに従ってください。勝手に処分したり、乗ったり、また他人に譲ることのないように気をつけましょう。
　とくに、ナンバープレートがついている単車は、どういう経緯であれ、勝手に処分することは一切できません。注意してください。

　某マンションで、いつものように不用自転車を処分する際、管理員がある人から「処分するのなら譲って！」と言われ、（どうせ捨てるのだからと）気安く譲ったところ、その自転車に盗難届けが出されていました。後日、管理員を含め管理会社が警察からお叱りを受けました。
　いくら所有者不明で放置されている大迷惑な不用自転車であっても、当然、だれかの持ち物、財産ですから、取り扱いには注意しなければなりません。
　後になってトラブルの起きない処分の手続きを警察で確認したら、次のような手順を踏むべしと分かりました。参考にしてください。

信頼される管理員業務の進め方

●不用自転車処分の手順●

```
不用自転車発見
      ↓
警察に照会
不用自転車を発見した場合は、まず警察に盗難届けの有無の照会をする
・盗難届けなし
      ↓                    ↘
処分することを掲示          盗難届けあり
（約1カ月間）              持ち主が引き取りに来るまで
                          マンションに保管
      ↓
警察に再度照会
1カ月を経過した段階で、改めて警察に盗難届けの有無を確認
・盗難届けなし
   ↙           ↓
盗難届けあり    処分可
持ち主が引き取りに来るまで
マンションに保管
                ↓
            処分完了
```

事例から学ぶ！　円滑に進めるマンション管理の実践術

管理日報の重要性

■大切な管理日報

　管理日報の記載は、管理仕様書に定められている大切な報告連絡業務です。管理組合との信頼関係を結ぶパイプ役にもなりますから、必ず正確に記載し、提出しなければなりません。

　何年経っても「あの時はこうだった」ということが容易に分かるようにしておくことは、適正な管理を継続して行う管理会社としての重要な役割です。マンション管理はサイクル的に回っていくことが多数ありますので、事故や重要な事項について記載があると、さかのぼって経緯が分かり、実務面では大変参考になります。

　管理組合との信頼関係は毎日の管理業務の積み重ねによって築かれるものであり、その一番の証となるのが管理日報ですから、その重要性を認識し、一日の管理員業務の締めくくりを行いましょう。

> **業務のポイント**
> **管理日報記載上の注意**
> ○管理日報には、日々の業務（清掃・巡回・点検など）の記載は当然ですが、とくに日常と違ったことをした場合、例えば「総会資料を配布した」「どこかを修理した」等があれば、必ずそれを特記しておくこと。
> マンション内で「事故が起こった」「車がぶつかった」といった場合も同様です。
> ○記載の要領は「いつ」「どこで」「だれが」「何を」「どのようにした」（これが一番大事です）を、時間的な経過とともに要点を簡単にまとめます。

　管理日報は現場と本社をつなぐ大切なパイプ役を担っていますから、間違いのないように作成してください。

■管理日報は訴訟の傍証にも

　滞納管理費の「取り立て訴訟」で管理日報が有力な傍証となった具体例です。管理組合総会で改定された管理費を滞納している人が「管理費改定の通知など見たことがない。管理員は総会資料を配布したのか」と主張したことから裁判になりました。

　総会資料の配布は、各戸のメールボックスに投函するので、受け取り印鑑をもらうわけではありません。資料を何月何日、何時ごろに配ったと証拠づけるものは何ひとつないわけです。

　ところが、その管理員が「総会資料を受け取って即日配布したことは管理日報に書いている」というので、調べると管理事務所の綴りの中から当日の管理日報が出てきて、総会資料を配布したことが書かれていました。

　弁護士は「その資料をそのままそっくり、そのページだけでなく、保管していた状態で届けてください」といわれ、そのまま証拠として裁判所に提出され、認められました。

　日報は公的な証拠能力はなく、後日、偽造することもできますが、綴りこんだままの状態で提出すると、100％の保証はなくても信頼性は高いとして有力な傍証になるわけです。

こんなところにも注意が必要

■サクラの落葉で雨漏り！？

　マンション敷地内のサクラの木の落葉が隣地の店舗付住宅の屋根に積もって雨水管を詰まらせ、雨水が溜まって屋根を腐らせて、そのための雨漏りでスナックのカラオケ機器約80万円が被害をこうむったので「賠償してくれ」との請求が管理事務所にありました。

　すったもんだした挙句、結論は「損害賠償ではなく、見舞金で」との示談が成立しましたが、管理上の１つのケーススタディになりました。

　この損害賠償請求の法的根拠は、民法709条の一般の不法行為に伴う要件や故意過失、権利侵害、違法性を想定した条文と、同717条の土地・建物・工作物の専有者・所有者の責任の規定です。

　植木は717条の工作物に該当しますが、枝から落ちた葉はだれのものでもありません。マンション側からみると葉が落ちた時点での責任はないわけですから、709条によって判断することになります。果たしてマンション側に過失、不法行為があるのか、が争いのポイントになりました。

　こうしたなかで問題となるのが「予見可能性」ということです。木の葉が落ちるのは誰にでも分かる事実であっても、隣家の雨漏りまでを予見するのは不可能ですから、管理組合の責任ではないことがひとつの判断としてできるわけです。

　その一方で「不作為の不法行為」ではないかとの見方については、作為義務が生じているのか、いないのか、がポイントです。作為義務とは、それまでに隣人から「落葉で困っている。放っておくとうちの屋根が腐り、雨漏りが起きる」と、具体的に被害防止の意思表示があったにもかかわらず、枝を払うなどの対策を講じなかったために事故が起こったことになります。

そして、アピールされても管理員が放置していた等の「不作為の不法行為」があったのかが問題になりましたが、長期間かけて起きたことのため、その間に管理員の交代もあり、双方の水掛け論のままでは事態は収拾しません。そこで、実際に迷惑がかかり、修復費用も生じたのは事実だということで、最後に「見舞金」という形で解決に至りました。

　このように、1本の植木が大きな問題に波及した事例もあります。日ごろから事故の可能性がないかの視点でチェックし、危険な場合は移植、もしくは伐採をするなどの対策を講じておくことが大切です。事故の可能性を放置していたため、管理組合が費用負担をすることにならないように、参考にしてください。

■長期不在住戸のバルコニーから下階に漏水

　1年以上も住んでいない住戸のバルコニー側の雨水管が、風で舞った葉っぱや鳩のフン等で詰まり、雨水がプールのように溜まってしまったバルコニーから壁に浸透し、下階の住戸に損害を与えた漏水事故がありました。
　また、区分所有者が遠方に住んでいて空き家になっていた住戸のバルコニーに鳩が生息し、フンがいっぱい溜まっていたところに大雨があって排水口が詰まり、下階に漏水被害を与えました。
　ルーフ・バルコニーに風で飛ばされたハンカチが排水口をふさぎ、雨水がプールのように溜まったり、山間のマンションでは陸屋根に周囲の高い木立の枯葉が溜まり、ここでも雨水がプール状になった被害がありました。
　梅雨や台風シーズンには思いがけない事故が発生します。日常、気をつければ防げるケースもありますから、共用部分の点検や、居住者への注意喚起は怠れません。漏水事故が発生すると費用負担の問題も出てきますので、とくに長期間不在をする区分所有者には、専用使用部分の管理の注意点をアドバイスすることも状況に応じて必要でしょう。

■任された分野をはき違えない

　マンションでは、3年に1度の特殊建築物定期調査や、毎年実施の消防設備点検・貯水槽清掃・雑排水管清掃等の法定点検が義務づけられています。建物や諸設備の補修工事も状況に応じて適宜行っていく必要があります。

　それらの実施にあたっては、ほとんどのマンションの管理組合役員は1、2年の任期で交代するので、過去の点検内容や方法と同じなら安易にそのまま作業を進めることが往々にしてあります。

　例えば、法定点検の予算が計上されていて、総会での承認も済んでいることから、どの業者に依頼するかまだ理事会で決めていないのに、前回実施分を参考にして妥当な手順を踏んだと思い込み、理事会の最終確認をとらずに実施してしまうようなケースです。

　この場合、管理組合と管理会社（管理員）の信頼関係が保たれていればとくに問題にはならないことかもしれませんが、最低限、「管理会社が任されている分野」と「理事会の承認を得てから実施すべき分野」の一線ははき違えないようにしなければなりません。

■業者変更は速やかに本社へ連絡する

　給水設備・消防設備などの法定点検やメンテナンス関係の業者を、単に費用的な面だけをみて変更されることがあります。

　もちろん、これは管理組合が決定する事項ですが、マンション全体のことを考えれば、日常生活に直接かかわることですから、トラブル発生時に責任ある対応をとれるよう、誠実な業者に任せるのがベストです。

　管理会社としては管理組合との信頼関係を損なわないように、適切なアドバイスをすることが必要ですが、そうかといって、管理員が単独で便宜を図って疑惑を持たれたり、施工のミスが生じないように留意すべきです。

　基本的にはいち早く、フロントマンに連絡して、管理会社として管理組合によい提案ができるような対応をする必要があります。

■管理会社の真価が問われる緊急時の対応

　管理会社の真価が問われるのは緊急時の対応です。つねに心の準備をしておくことが大切です。「良い管理」「良い管理会社」のひとつの目安になるこんなエピソードがあります。

　深夜、あるマンションに救急車がサイレンを鳴らして入ってきたとき、住込み管理員がいちばん先にパジャマ姿のまま駆けつけたのを見ていた居住者から「住民のためにここまで……」と、たいへん感謝されました。

　業務でマンションを離れるときは、管理組合役員のだれかに声をかけてから外出することも必要な対応です。管理員が業務連絡のため本社へ来ている間に火災が発生したとき、外出することを知らされていた副理事長がパーテーションを破ってその住戸の子どもを救出してくれたことがありました。

　ちょっとした心の準備と気配りで、居住者から喜ばれたり、事故が防げたり、被害を最小限に食い止められることもあるわけです。その積み重ねが"良い評価"につながるということです。

■こんな時、大声で注意は禁物

　屋上の手すりを越えたり、高所に上がって危ない遊びをしている子どもを見つけたとき、即座に大声で注意すると子どもがびっくりし、転落しかねず、かえって危険です。

　安全な方へ誘導して、後できちんと叱るというように、冷静な対応が必要です。事故の芽をやさしく摘んであげるのも大切な仕事です。

■未収納金対策で大切なコミュニケーション

　管理費等の未収納金の取り扱いについて管理会社が委託契約で行うのは「督促業務」であり、「回収業務」ではありませんが、適切な対応をするのは当然のことです。

　2004年（平成16年）4月に最高裁判決で「滞納管理費等の時効は5年」との見解が示されましたが、たとえ少額でも入金があれば、債務確認とか時効の中断になるわけですから、きちんとした督促業務を行わなければなりません。

　そのためには、日ごろからコミュニケーションを円滑にして、スムーズに入金してもらうようにすることが大切です。それと、なかには本当に困っている人もいるので、その点は十分気づかいをしてください。少しでも入金があれば時効は成立しません。管理組合にも理解されるような督促をお願いします。

　督促業務で難しい問題や悪質なケースがあれば、フロントマンに相談すること。感情のもつれが管理に影響しないように、管理員が直接かかわりを持たないほうがよい場合もあります。状況を見極めて上手に対処してください。

■重要事項に関する回答は本社業務

　専有部分の売却等に関連して管理事務所に直接、不動産業者から未収納金の有無について聞かれたり、裁判所から競売住戸の問い合わせを受けるケースがあります。重要事項に関する業者への回答はすべて本社業務として行い、現地では応えないこととしてください。

　マンションによっては、管理組合が直接対応するケースもあるかもしれませんが、未収納金というのは日々変わっていくわけです。また、未収納金の内訳において区分所有法にもとづいて次の所有者に承継されるのは「管理費」と「修繕積立金」だけで、一般的に駐車場使用料や水道料金などは承継の対象とはされません。（管理規約で承継されることを明記してある場合もあります）

■日常業務の積み重ねが信頼関係の基礎

　マンション管理の良し悪しは、全体として現地部門と本社部門、協力業者などが組織として機能しているかが基本となります。

　そのなかで何より大切なのは、管理員が担当している［現地部門］です。現地がよければ本社の弱い部分を補完するに余りあり、逆に現地のクレームをリカバリーするには多大な労力が必要です。管理組合の信頼が厚い管理員は、日常行動にも次のような共通項があります。

①良好なコミュニケーション

　　管理組合役員、フロントマンとの双方向のコミュニケーションが十分とられていると、クレームになる前に問題が解決できます。日報・月報の記載がポイントをついていることも特徴です。

②提案型の業務姿勢

　　建物・設備の状況報告および提案を的確に行い、管理組合に対してまず"ギブ"（先に実行）の姿勢が好感を得ているようです。

③身だしなみと管理事務所の整備

　　制服や名札をきちんと着用し、管理事務所がいつも整備されていることも共通しています。

④公平で親切な応接態度

　　日ごろから、居住者だけでなく、だれに対しても公平で親切に接していることです。

⑤補佐する立場をわきまえ、居住者・管理組合の利益に徹する

　　長い間変わらぬ評価をされている管理員は、管理組合を補佐する黒子の立場をわきまえ、居住者の利益、管理組合の利益に徹して業務を着実にこなしています。

　日ごろの業務の積み重ねが信頼関係の構築につながるということです。

事例から学ぶ！　円滑に進めるマンション管理の実践術

管理員ひとりごと

　快適なマンションライフを現地でサポートする管理員の役割は重大です。やればやるほど幅広く奥深い管理員業務の難しさを実感することでしょう。一方、居住者との日々の交流の中で、管理員ならではの喜びや幸せもたくさんあります。

　浪速管理発行のコミュニティ紙「ザ・マンション・L・M」から抜粋した"管理員ひとりごと"には、さまざまな体験や想いを通して確信した業務の原点が、生の声として示されています。

管理員ひとりごと

コミュニケーション第一に

　初めてのマンション管理の仕事で不安もありましたが、入社して約3ヵ月の間に7箇所のマンションへ現地研修に行き、それぞれの先輩管理員より第一にアドバイスされたのが、コミュニケーションを大切にすることでした。

　これを聞いたときはピンときませんでしたが、着任以来、折にふれ、時にふれて諸先輩のアドバイスが身にしみて理解できました。

　着任時に築9年を経過していた当マンションでは、外壁塗装補修工事、屋上・バルコニー防水工事、非常階段補修工事などが順次実施されました。各期理事会役員はじめ居住者の協力により、管理事務所として大過なくお手伝いできたのも、そのおかげと感謝しております。

H5/12月号（Iマンション／Y管理員）

震災復旧に全力で

　1月17日の朝、目を覚まして布団の中にいた私は、突然、ドーンと突き上げられるように揺さぶられ、およそ数十秒間なすすべもなく翻弄され、落ち着くまでの数分間がずいぶん長く感じられた。

　もう余震はないと判断した時点ですぐに管理事務室に。電気停止と同時にガスも停止。火災が気になり一番に受信機をチェックする。さいわい、各ブロックで警報盤の点灯はなく、火災発生がないことを確認して外に出る。

　管理組合理事長と出会い、数名の理事と一緒に被害状況のチェックに回り、管理事務室に戻ると「水が出ない」の苦情多数。屋上に急行すると、配管接合部が外れ、水がジャージャーと漏っている。停電で揚水ポンプが動かず、高置

水槽の水を使い切った段階で断水となったらしい。

その後、午後になって電気復旧。揚水ポンプで水を上げるが、配管部の外れた部分からの漏水が激しい。しかし、ここでポンプを止めると各戸への給水がストップする。理事長とも相談し揚水ポンプを回し続ける。配管については理事のなかで金属加工にくわしい方がおられて、翌々日に応急復旧。心強い味方に大助かり。2月4日には業者によって本格復旧された。ガスも1月28日にやっと復旧。電気・ガス・水道と、何ひとつ欠けてもマンションでは生活しがたいものが、やっと揃いホッとする。

今回の震災では、まず管理員はあくまで落ち着いて行動すること。次に、安全を第一義とすることを痛切に感じた。

地震から3週間経ち、ようやく落ち着きを取り戻そうとしている。これからは本格復旧に向けての作業が始まる。全力をあげて取り組んでいく所存だ。

H7/3月号（Lマンション／T管理員）

常に問題意識を持って

着任後の一日一日をサービス業に徹する姿勢で接していくうちに、人の和が通い合い、本当に充実した日を送っています。そこで感じたことなのですが、管理事務所は管理員の取り組みいかんでは、居住者から寄せられる「情報の宝庫」の着信地であり、同時に発信地にもなり得るということです。もちろん、管理員のプライバシーの守秘義務は当然であり、そのことは重々存じていますが、一歩踏み出して善用することができれば、皆様に多大なメリットを提供できるのではないか……と、考えています。

といっても、そんなにたいそうなことを考えているわけではありません。例えば、不用品のリサイクルもそのひとつではないでしょうか。ベビーベッドなど使わなくなれば、これほど場所をとるものはありません。マンション内で必

要とする方にスムーズに活用されればどんなによいでしょう。いつもいつもうまくいくとは限りませんが、やはり受信送信のアンテナを絶えず高くしていることが必要だと思っています。

　まだ２年あまりの勤務で、管理の仕事もようやくアウトラインが見えてきたに過ぎませんが、何か問題意識をもって勤務を続け、皆様から喜ばれる管理員になりたいと、つねに思っています。

H8/7月号（Ｓマンション／Ｕ管理員）

大家族的な雰囲気が自慢

　オープン当時は多忙な日々が続き、一体何から手をつけたら良いか判らないほど雑多な仕事がありました。そして慌ただしく１年が経過。マンションを良好な状態に保っていくためには、相互理解を深め、コミュニケーションを充実させ、快適な住環境づくりをしていかねば……との思いを強くしたのです。

　そこで、第１回定期総会開催の時、居住者全員に昼食会開催を呼びかける提案をしました。その結果、大人から幼児まで大勢の皆様が参加。席の配置も、まず同じ階の人からコミュニケーションを図るためにと、各階別にテーブルを配置し、飲食後の余興には、全員を対象にしたものや子どもを対象にしたゲームなどいろいろな企画を実施し、それぞれに景品・参加賞を準備して、和気あいあいのうちに楽しいひと時を過ごしました。

　この催しが大変好評で、爾来今日まで総会後の懇親会は会場の許す限り毎年実施されており、おかげで集合住宅というよりも大家族的な雰囲気で、明るい楽しい当マンションは、私の自慢でもあります。

　これもひとえに管理組合役員の皆様のご理解、居住者各位のご支援並びに、奥様方の絶大なる協力の賜物と感謝している次第です。

H8/12月号（Ｓマンション／Ｋ管理員）

管理費等の未納ゼロに努力

　配属されて早いものでもう10年。駅前マンションで大変便利で快適な半面、周辺にはタバコ・空き缶・ゴミのポイ捨てが多く、その清掃と対応に追われている状態はなかなか解消しそうに無いのが悩みですが、それは敷地外の問題。

　当マンションでは管理費等の未納は過去10年間ありません。口座振替でたまたま振替できなかった場合でも、連絡を差し上げると即入金されます。「当月内の管理費は当月内に納入する」。これが当マンションの常識となっており、これも日ごろより「ふれあい」を大切にしてきたからかな……と思っております。

H9/3月号（Gマンション／M管理員）

救命講習が役立って

　平成11年2月21日（日）午後10時30分頃、居住者のH氏の奥様から「主人が浴室にて意識がなく倒れている」との通報が管理事務所に入りました。急いで家内とともにお部屋に駆け込みましたところ、ご主人が浴槽内で意識なく、呼吸もありませんでした。

　私は救命講習を会社の指示により受け「普通救命講習終了証」を取得していたので、人工呼吸ならびに心臓マッサージを2回ほど試みました。するとかすかに息をするようになりました。この間、私の家内が119番に通報し、救急病院へ運び、11時35分頃「症状が落ち着きました」と家族の方から連絡がありホッと胸をなでおろしました。

その後10日ほど入院され、退院の折には管理事務所までこられてお礼を述べられました。私も初めての体験でしたが、会社が毎月実施している研修会の一つとして救命講習を受けたことが役立ちました。

H11/6月号（Nマンション／M管理員）
（H11/5月管理員研修会で披露）

プラス思考で青春真っ只中

　平成5年に着任。素晴らしいスタッフとともに7年間があっという間に過ぎてしまったように感じられます。今あらためてふり返ってみると色々なことを学び、成長につながる勉強もさせていただきました。

　本社と管理組合とのパイプ役として勤務してまいりましたが、時にはパイプが詰まり居住者の方からお叱りを受けたこともございました。そんな時は己の力不足と心に刻み、人生何事もプラス思考に切り替えて努力してまいりましたが、突然、大きな難題が降りかかってきました。あの「阪神・淡路大震災」です。さまざまなトラブルが一度に重なり、その対応に朝から何も口にできないでいたとき、居住者の方からいただいたおにぎりの美味しかったことは今でも忘れることはできません。本当に有難うございました。

　そんな中、輝かしい21世紀に向かって私も大きな目標を持つことができました。それは浪速管理がISO9001を取得したことです。

　これからは　①誠実な行動　②責任ある行動　③積極的な行動　に誠心誠意まい進する所存です。63歳。青春まっただ中です。

H12/12月号（Pマンション／I管理員）

園芸講座の成果を活かして

　当マンションは緑化スペースがたっぷり確保され、樹木約45種類（2100本程度）、花類が20余種（約3700株）と多く、それだけに昨夏のような高温少雨の時は水やりだけでも大変でした。

　当たり前のことですが植物は言葉が通じません。水がもっと欲しいのか、いらないのか、また種類や場所によっても異なるため適量の見分け方が大変でしたが、何とか枯らすことなく、昨年10月にはT市主催「住環境の良い住宅」という催しで、50余の推薦の中から入賞の6住宅のひとつに入ることができました。

　植物の管理も奥が深くまた広いものです。季節の変わり目の植え替えは造園業者が行っていますが、日ごろの手入れにも専門知識が必要なことを痛感し、現在「園芸講座」の通信教育で勉強中です。

　この成果を活かして、これからも良きパートナーとともに、1年中「花と緑」に囲まれた心和む住環境維持に頑張る所存です。

H13/3月号（Gマンション／Y管理員）

お子さんの成長が可愛くて……

　築24年を迎える当マンションに着任以来4年があっという間に過ぎ、改めてふり返ってみると、居住者の皆様のおかげで色々なことを学び、今日につながる勉強をさせていただきました。

　また、ここ数年で若いお母さん方が増え、入居された時はまだ赤ちゃんだったお子さんが今では幼稚園やピッカピッカの1年生になり、顔を合わすたびに

「おはよう」「ただいま」「お帰り」と大きな声でやりとりする昨今。わが孫のように可愛くいとしく感じています。

　高齢の方も年々増える中で、「老人や子どもたちが一緒に安心して憩える場所があれば良いのになぁー」といつも思っています。どんな難問も居住者の皆様の温かい心と勇気ある決断で臨めば解決できることを痛感していますので、パイプ役として努力してまいります。

H14/6月号（Mマンション／A管理員）

A・B・Cの作業信条を自問自答

　自然との調和を重視した6棟のマンションにオープン同時に着任し、安全第一で業務に精励してきました。中でも、第1期管理組合理事会発足時に遭遇した阪神・淡路大震災の復興作業に区分所有者の方々が力強く結束して、寸断されたライフライン復旧の難局を乗り切ったことを忘れることはできません。

　管理員業務に従事して10年目に入りました。今日もこうして皆さま方に助けていただきながら職務を遂行できることを心から感謝しています。

　A＝「当たり前のことを」B＝「ぼやぼやせずに」C＝「しっかりやれ」私が常に自問自答する作業信条です。

H15/6月号（Gマンション／O管理員）

喜んでいただける幸せが明日の活力に

　当マンションには3年前の私の着任と同時期に防犯カメラ24台が設置され「防犯カメラ設置モデル地区」に指定されています。当マンションのこうした取

り組みは、NHKの「クローズアップ現代」や「ご近所の底力」等で全国放送されました。新聞にも何度か掲載されており、各地から研修に来られることもよくあります。防犯活動をより円滑に進めるには居住者同士のコミュニケーションが大切であることから5つの趣味の会も発足しました。

　管理員にとって幸せなことは、築27年のマンションで居住者の皆様のマンション生活が長いこともあって、このように理解者・協力者が多いことです。何事にも「ありがとう」の言葉が返って来て自然に会話が生まれる環境に恵まれ、仕事を通じて皆様に喜んでいただける幸せは、明日への活力にもなっています。

H16／9月号（Eマンション／M管理員）

「幸福を生み出す心」で……

　当初は未経験ゆえ不安もありましたが、管理組合役員様はじめ居住者の皆様の温かいご指導、ご理解で今日まで続けられました。「管理員さん元気でお疲れ様……」の一言が励みになり、「お花が綺麗に咲きましたね」の声で喜びを感じ、散水にも点検業務にも感謝の心で勤務しています。

　IT化時代に対応できるグレードの高いマンション創りと資産価値の向上に、理事長はじめ役員各位が努力されているお姿に触発され、私自身も「大阪市マンション管理支援機構」などで情報を得ながら「より良い安心して暮らせる居住空間」を目指し学んでいます。苦労も多いですが「誠実・親切・清潔・求学」をモットーに＜幸福を生み出す心＞を日々心で唱和しながら精進する毎日です。

H17／12月号（Mマンション／T管理員）

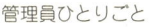

美しく蘇るマンションが楽しみ！

　築26年を迎え、管理組合では現在、管理規約の改正と外壁改修工事の2つの大事業に取り組んでいます。理事会、委員会の役員の方々が夜遅くまで熱心に討議されている姿を拝見して頭の下がる思いです。居住者の皆様のご協力を得て、現在に即した管理規約と、美しく蘇るマンションができるのがとても楽しみです。

　また管理組合では毎年、広い中庭を利用して盛大に夏祭りを開催し、有志による花見会も行われるなど、居住者の皆様の親ぼくを深めるために努力されています。これから居住者の高齢化も大きな課題となるでしょうが、積み重ねたコミュニテイ活動が実を結び、最良の対策が講じられるものと信じています。

　私も昨年、管理業務主任者の資格を取得しました。微力ながら、管理組合の皆様、本社スタッフと手を携えて、より安心して暮らしていただける住環境づくりに精励したいと心より思っています。

H18/3月号（Hマンション／M管理員）

『良い管理はそのマンションを好きになることから始まる』

　浪速管理の管理員はこの言葉を心に秘めて、マンションの居住者の視点に立って管理業務に取り組んでいます。

あとがき

　浪速管理は、1971年（昭和46年）に設立した分譲マンション専門の独立系管理会社です。当初からマンション居住者の皆様に深い満足をいただけるように「毎日の生活の快適性」と「建物を長期的な視野でとらえた安全性」を第一に、常に管理の品質を追求し続けてきました。その結果、この業界に新風を送り続け、時代に先駆けて構築した管理システムの数々は、マンション管理会社の基本業務としてその多くがこの業界にとり入れられています。

　質の高い住環境づくりのためには、マンションの中に、花と水・緑の豊かな自然の情景に包まれた潤いのある環境を大切に保護し、また作り出さなければなりません。そのために、高知県に開設した自社農園で草花や観葉植物を種から育てて、四季折々の季節にマッチする形で管理マンションに提供し、彩りを添えた豊潤な生活環境を形成する――これが私たちの基本理念であり、浪速管理とグループ会社の無限の方途です。

　本書は、弊社が永年に亘り培った管理員研修のノウハウのすべてをわかりやすくまとめたものです。マンション管理の実務について、月別にきめ細かく記してあるほか、基礎知識やリスクに備える保険の解説、建物・設備のメンテナンス手法などを網羅しています。

　「管理の良否は、潤いと安心・安全の住まいを構築することで、その価値を左右する」。この言葉は昨今、一層重みを増しておりますが、建物を永くその街の顔となり得るよう維持し、よりよい環境を構築することが私たちに課せられた社会的使命であると受け止めなければなりません。

　本書が、マンションに住む多くの方々やマンション管理の現場に携わる関係者の必携の書として役立てていただける喜びに深甚なる謝意を捧げます。

2006年8月

　　　　　　　　　　　　　　　　株式会社　浪　速　管　理
　　　　　　　　　　　　　　　　代表取締役　　野﨑　弘毅

マンション管理の道しるべ
今日の安らぎ 明日への安心

発 行 日	平成18年8月28日　初版第一刷発行
	平成23年2月10日　初版第二刷発行
編　著	株式会社 浪速管理
	〒550-0002　大阪市西区江戸堀1丁目15—26
	大阪商工ビル
	Tel 06-6441-4000(代)　Fax 06-6445-6034
発 行 者	熊 坂 隆 光
発　行	フジサンケイ ビジネスアイ
	〒556-8660　大阪市浪速区湊町1丁目1—57
	Tel 06-6633-7049　　Fax 06-6633-7061
発　売	図書出版 浪速社
	〒540-0037 大阪市中央区内平野町2丁目2—7
	Tel 06-6942-5032(代)　Fax 06-6943-1346
印刷・製本	株式会社 日報印刷

——禁無断転載——

乱丁落丁はお取り替えいたします

ISBN4-88854-431-X